21世纪经济与管理精编教材

金融学系列

量化投资实验

Experiments of Quantitative Investment

张元萍◎主　编

李　颖　赵　阳◎副主编

北京大学出版社

PEKING UNIVERSITY PRESS

图书在版编目(CIP)数据

量化投资实验/张元萍主编.—北京：北京大学出版社,2017.6
(21世纪经济与管理精编教材·金融学系列)
ISBN 978-7-301-28366-0

Ⅰ.①量… Ⅱ.①张… Ⅲ.①投资学—实验—高等学校—教材 Ⅳ.①F830.59

中国版本图书馆CIP数据核字(2017)第105828号

书　　　名	量化投资实验 LIANGHUA TOUZI SHIYAN
著作责任者	张元萍　主编　李　颖　赵　阳　副主编
责任编辑	张　燕
标准书号	ISBN 978-7-301-28366-0
出版发行	北京大学出版社
地　　址	北京市海淀区成府路205号　100871
网　　址	http://www.pup.cn
电子信箱	em@pup.cn　　QQ:552063295
新浪微博	@北京大学出版社　@北京大学出版社经管图书
电　　话	邮购部 62752015　发行部 62750672　编辑部 62752926
印刷者	北京大学印刷厂
经销者	新华书店
	787毫米×1092毫米　16开本　9.5印张　186千字 2017年6月第1版　2017年6月第1次印刷
定　　价	26.00元

未经许可，不得以任何方式复制或抄袭本书之部分或全部内容。
版权所有，侵权必究
举报电话：010-62752024　电子信箱：fd@pup.pku.edu.cn
图书如有印装质量问题，请与出版部联系，电话：010-62756370

前　言

量化投资是将投资理念及策略通过具体的指标、参数，代入设计的模型中，运用模型在历史交易数据中进行回测检验和未来预测，实现数量化证券标的估值的方法。量化交易投资方法在我国证券交易市场的应用较晚，但在华尔街的数十年量化交易应用中，量化投资的算法交易取得了明显优于传统交易策略的超额收益。随着国内投资标的的扩容和交易量的激增，加上互联网的发展，量化投资交易逐渐在我国兴起。

量化投资技术几乎覆盖了投资的全过程，包括量化选股、量化择时、期货套利、统计套利、算法交易、资产配置、风险控制等。全书共分九章，分别为量化投资基础及实验操作平台、量化选股实验模块、量化择时实验模块、统计套利实验模块、ETF套利交易实验模块、算法交易实验模块、人工智能实验模块、数据挖掘实验模块、支持向量机实验模块。每章均介绍了该模块中涉及的理论知识，并通过一组实际案例习题详细讲解量化投资相应技术方法、程序设计及软件操作。每个案例操作还配有视频演示。

本教材适用于金融工程专业全日制本科生量化投资实验教学课程使用。进行量化投资实验需要掌握编程语言和量化投资平台的操作方法，本实验教材采用的程序语言是Matlab，量化投资案例分析采用国泰安QIA量化投资平台进行模型检验和回测。

本教材由天津财经大学张元萍教授任主编，天津财经大学李颖、深圳国泰安教育技术股份有限公司北京分公司总经理赵阳任副主编。第1、2、6章由天津财经大学张元萍、封笑笑编写，第3、5、8章由天津财经大学李颖、史德坤编写，第4、7、9章由天津财经大学李颖、赵忆编写。在本书出版过程中得到了北京大学出版社的支持，在此表示衷心的感谢。

编　者
2017年3月1日

目　录

第1章　量化投资基础及实验操作平台 ·· 1

　　1.1　量化投资的基本理念和特点 ·· 1

　　1.2　量化投资的主要策略和方法 ·· 4

　　1.3　量化投资实验的知识储备和基本要求 ·· 7

　　1.4　量化投资实验操作平台 ··· 10

第2章　量化选股实验模块 ·· 26

　　2.1　实验目的与要求 ··· 26

　　2.2　实验基础知识 ··· 26

　　2.3　实验步骤及示例 ··· 28

　　2.4　实验操作录像 ··· 51

第3章　量化择时实验模块 ·· 52

　　3.1　实验目的与要求 ··· 52

　　3.2　实验基础知识 ··· 52

　　3.3　实验步骤及示例 ··· 54

　　3.4　实验操作录像 ··· 65

第4章　统计套利实验模块 ·· 66

　　4.1　实验目的与要求 ··· 66

　　4.2　实验基础知识 ··· 66

　　4.3　实验步骤及示例 ··· 70

　　4.4　实验操作录像 ··· 82

第5章　ETF套利实验模块 ·· 83

　　5.1　实验目的与要求 ··· 83

　　5.2　实验基础知识 ··· 83

　　5.3　实验步骤及示例 ··· 87

  5.4 实验操作录像 ·· 97

第 6 章 算法交易实验模块 ·· 98

  6.1 实验目的与要求 ·· 98

  6.2 实验基础知识 ·· 98

  6.3 实验步骤及示例 ·· 99

  6.4 实验操作录像 ·· 105

第 7 章 人工智能实验模块 ·· 106

  7.1 实验目的与要求 ·· 106

  7.2 实验基础知识 ·· 106

  7.3 实验步骤及示例 ·· 111

  7.4 实验操作录像 ·· 117

第 8 章 数据挖掘实验模块 ·· 118

  8.1 实验目的与要求 ·· 118

  8.2 实验基础知识 ·· 118

  8.3 实验步骤及示例 ·· 122

  8.4 实验操作录像 ·· 127

第 9 章 支持向量机实验模块 ·· 128

  9.1 实验目的与要求 ·· 128

  9.2 实验基础知识 ·· 128

  9.3 实验步骤及示例 ·· 137

  9.4 实验操作录像 ·· 143

参考文献 ·· 145

第 1 章 量化投资基础及实验操作平台

量化投资是整个金融市场发展的一个必然阶段,也是市场有效性在金融市场上不断进步和发展的必然趋势。由于量化投资交易策略的严谨性、交易回溯的可逆性、数据的直观性,量化投资已经成为全球金融投资的手段和方法之一。

1.1 量化投资的基本理念和特点

1.1.1 量化投资的基本理念

量化投资通常是指使用数学公式、根据过去的数据来判断将来价格走势而进行投资的一种方法。换句话说,它是一种比较机械的,不需要人来进行判断、干预的投资方法。

量化投资就是利用计算机技术并采用一定的数学模型去实现投资理念、实现投资策略的过程。传统的投资方法主要有基本面分析法和技术分析法两种。与它们不同的是,量化投资主要依靠数据和模型来寻找投资标的和投资策略。

量化投资模型很多是基于基本面因素,同时考虑市场因素、技术因素等。量化投资是一种主动投资策略,主动型投资的理论基础就是市场是非有效的或是弱有效的,基金经理可以通过对个股、行业及市场的驱动因素进行分析研究,建立最优的投资组合,试图战胜市场从而获取超额收益。

量化投资不是靠个人感觉来管理资产,而是将适当的投资思想、投资经验甚至直觉反映在量化模型中,利用计算机帮助人脑处理大量信息,帮助人脑总结归纳市场的规律,建立可以重复使用并反复优化的投资策略(经验),并指导我们的投资决策过程。量化投资模型都必须经历不断的跟踪检验、优化、实证等过程。量化投资是一个不断改进的过程,最重要的就是投资者的投资思想,包括对投资的理解、理念、经验,所有模型都是建立在这些思想上的。

量化投资方法虽然起源于一百年前，但是在过去三十年中迅速发展。目前据估计，量化投资金额占全球投资总额的30%。在量化投资的历史上，詹姆斯·西蒙斯（James Simons）和他的"大奖金"基金取得了高额的收益率，连巴菲特都望尘莫及。由此，量化投资逐渐进入人们的视野。量化投资策略以正确的投资理念为根本，通过各种因素的分析，以全市场的广度、多维度的深度视角扫描投资机会，在中国市场的应用将更凸显出其优势。

1.1.2 量化投资的特点

量化投资的最大特点就是定量化和精细化。"一切用数据说话"，是量化投资决策的基石。量化投资的特点包括纪律性、系统性、妥善运用套利思想、及时性、准确性、分散化等几个方面。

1. 纪律性

所有的决策都是依据模型做出的。纪律性首先表现在依靠模型和相信模型，每一次决策之前，首先要运行模型，根据模型的运行结果进行决策，而不是凭感觉进行决策。要严格执行量化投资模型所给出的投资建议，而不是随着投资者情绪的变化而随意更改。纪律性的好处很多，可以克服人性的弱点，如贪婪、恐惧、侥幸心理，也可以克服认知偏差。

2. 系统性

系统性具体表现为"三多"。首先表现在多层次，包括大类资产配置、行业选择、精选个股三个层次；其次是多角度，定量投资的核心投资思想包括宏观周期、市场结构、估值、成长、盈利质量、分析师盈利预测、市场情绪等多个角度；最后就是多数据，即海量数据的处理能力。人脑处理信息的能力是有限的，在一个很大的资本市场，强大的定量投资的信息处理能力能捕捉更多的投资机会，拓展更大的投资机会。

3. 妥善运用套利思想

定量投资正是通过寻找估值洼地，通过全面、系统性的扫描捕捉错误定价、错误估值带来的机会。定性投资经理大部分时间在琢磨哪一个企业是伟大的企业，哪个股票是可以翻倍的股票；与定性投资经理不同，定量基金经理大部分精力花在分析哪里是估值洼地，哪一个品种被低估了，买入低估的，卖出高估的。

4. 及时性和准确性

及时性是指及时快速地跟踪市场变化，不断发现能够提供超额收益的新统计模型，寻找新的交易机会。准确性是指准确客观评价交易机会，克服主观情绪偏差，妥善运用套利的思想。

5. 分散化

在控制风险的条件下，量化投资充当着准确实现分散化投资目标的工具。也可以说，量化投资是靠概率取胜。这表现为两个方面：一是量化投资不断地从历史中挖掘有望在未来重复的历史规律并且加以利用，这些历史规律都是有较大概率获胜的策略；二是依靠筛选出股票组合来取胜，而不是靠一只或几只股票取胜，从投资组合理念来看也是捕获大概率获胜的股票，而不是押宝到单只股票上。

1.1.3 量化投资的操作手法

1. 统计分析

在一开始收集标的数据进行分析的时候，工作量是巨大的。比如我们想看看宏观经济环境和股票的表现有没有相应的规律，就要研究政府政策和各类宏观经济指标与股票走势、板块走势之间的关系。如果我们发现其中有某些规律，那么还要进行回测，看看这个规律是不是具有代表性，然后才能进行下一步的数学建模。而通常能做这样大型的量化分析的主要是一些量化基金管理团队，几个人甚至几十个人一起用计算机检验收集的数据是否有效，能否成为建模的对象，从众多的数据中找出一些逻辑上会影响到股价走势，或许预示股价走势的数据。这是量化分析中的一个简单而有效的思路。

2. 数学建模

近年来，量化投资作为一种投资方法受到越来越多的关注。公式之所以能够赚钱，背后通常是一些很简单、很常识的东西，而数学建模就是把所收集到的合格的数据用数学的语言表达出来。

3. 虚拟操盘

再好的理论也要通过实践来检验效果。所有建成的模型都要放于虚拟盘中模拟一段时间才能真正为投资服务。而这个模拟期少则半年，多则几载，因为在模拟的过程中还需要对模型进行不断的更新和修正才能使其更加完美。任何一个模型都不可能是完美的，虚拟操盘时要测试模型是否能够达到80%以上的正确率，如果达到了80%就说明这个模型是成功的，如果没有达到80%则证明这个模型在某些地方还是需要改进一下，或许根本不成立。这是一个循环往复的过程，也是通向成功必需的过程。

1.2 量化投资的主要策略和方法

1.2.1 量化投资的主要策略

量化投资的主要策略包括量化选股、量化择时、股指期货套利、商品期货套利、统计套利、期权套利、算法交易、资产配置等。

1. 量化选股

量化选股就是采用某种数量方法判断某个公司是否值得买入的行为。如果该公司满足了该方法的条件，则放入股票池；如果不满足该方法的条件，则从股票池中剔除。量化选股的方法有很多种，总的来说，可以分为公司估值法、趋势法和资金法三大类。

2. 量化择时

随着计算机技术、混沌、分形理论的发展，人们开始将股票的市场行为纳入非线性动力学的研究范畴。众多的研究发现，我国股市的指数收益中，存在经典线性相关之外的非线性相关，从而拒绝了随机游走的假设，说明股价的波动不是完全随机的，它貌似随机、杂乱，但在其复杂表面的背后，却隐藏着确定性的机制，因此存在可预测成分。

3. 股指期货套利

股指期货套利是指利用股指期货市场存在的不合理价格，同时参与股指期货与股票现货市场交易，或者同时进行不同期限、不同（但相近）类别股票指数合约交易，以赚取差价的行为。股指期货套利主要分为期现套利和跨期套利两种。股指期货套利的研究主要包括现货构建、套利定价、保证金管理、冲击成本、成分股调整等内容。

4. 商品期货套利

商品期货套利盈利的逻辑原理基于以下几个方面：相关商品在不同地点、不同时间都对应着一个合理的价格差价；由于价格的波动性，价格差价经常出现不合理；不合理必然要回到合理；不合理回到合理的这部分价格区间就是盈利区间。

5. 统计套利

统计套利是利用证券价格的历史统计规律进行套利，是一种风险套利，其风险在于这种历史统计规律在未来一段时间内是否继续存在。统计套利在方法上可以分为两类，一类是利用股票的收益率序列建模，目标是在组合的 β 值等于零的前提下实现 α 收益，

我们称之为 β 中性策略；另一类是利用股票的价格序列的协整关系建模，我们称之为协整策略。前者是基于日收益率对均衡关系的偏离，后者是基于累计收益率对均衡关系的偏离。

6. 期权套利

期权套利是指同时买进和卖出同一相关期货，但不同敲定价格或不同到期月份的看涨或看跌期权合约，希望在日后对冲交易部位或履约时获利的交易策略。期权套利的交易策略和方式多种多样，是多种相关期权交易的组合，具体包括水平套利、垂直套利、转换套利、反向转换套利、跨式套利、蝶式套利、飞鹰式套利等。

7. 算法交易

算法交易又被称为自动交易、黑盒交易或者机器交易，它指的是通过使用计算机程序来发出交易指令。在交易中，程序可以决定的范围包括交易时间、交易价格，甚至最后需要成交的证券数量。根据各个算法交易中算法的主动程度不同，可以把算法交易分为被动型算法交易、主动型算法交易、综合型算法交易三大类。

8. 资产配置

资产配置是指资产类别选择，即投资组合中各类资产的适当配置及对这些混合资产进行实时管理。量化投资管理将传统投资组合理论与量化分析技术结合，极大地丰富了资产配置的内涵，形成了现代资产配置理论的基本框架。资产配置一般包括两大类别、三大层次，两大类别分别为战略资产配置和战术资产配置，三大层次分别为全球资产配置、大类资产配置及行业风格配置。

1.2.2　量化投资的主要方法

量化投资涉及很多数学和计算机方面的知识和技术，总的来说，主要有人工智能、数据挖掘、小波分析、支持向量机、分形理论和随机过程这几种。

1. 人工智能

人工智能（artificial intelligence，AI）是研究使用计算机来模拟人的某些思维过程和智能行为（如学习、推理、思考、规划等）的学科，主要是利用计算机实现智能的原理，制造类似于人脑智能的计算机，使计算机能实现更高层次的应用。金融投资是一项复杂的、综合了各种知识与技术的学科，对智能的要求非常高。所以人工智能的很多技术可以用于量化投资分析中，包括专家系统、机器学习、神经网络、遗传算法等。

2. 数据挖掘

数据挖掘（data mining）是从大量的、不完全的、有噪声的、模糊的、随机的数据中提取隐含在其中的、人们事先不知道的、但又是潜在有用的信息和知识的过程。与数据挖掘相近的同义词有数据融合、数据分析和决策支持等。在量化投资中，数据挖掘的主要技术包括关联分析、分类/预测、聚类分析等。

3. 小波分析

小波（wavelet）这一术语，顾名思义，就是小的波形。所谓"小"是指它具有衰减性；而称之为"波"则是指它的波动性，即其振幅正负相间的振荡形式。小波分析在量化投资中的主要作用是进行波形处理。任何投资品种的走势都可以看做一种波形，其中包含了很多噪声信号。利用小波分析，可以进行波形的去噪、重构、诊断、识别等，从而实现对未来走势的判断。

4. 支持向量机

支持向量机（support vector machine，SVM）方法是通过一个非线性映射，把样本空间映射到一个高维乃至无穷维的特征空间中（Hilbert 空间），使得在原来的样本空间中非线性可分的问题转化为在特征空间中的线性可分的问题，简单地说，就是升维和线性化。支持向量机方法特别适合于进行有关分类和预测问题的处理，这就使得它在量化投资中有了很大的用武之地。

5. 分形理论

分形理论既是非线性科学的前沿和重要分支，又是一门新兴的横断学科。作为一种方法论和认识论，其启示是多方面的：一是分形整体与局部形态的相似，启发人们通过认识部分来认识整体，从有限中认识无限；二是分形揭示了介于整体与部分、有序与无序、复杂与简单之间的新形态、新秩序；三是分形从某个特定层面揭示了世界普遍联系和统一的图景。

由于这种特征，分形理论在量化投资中得到了广泛应用，主要可以用于金融时序数列的分解与重构，并在此基础上进行数列的预测。

6. 随机过程

随机过程（stochastic process）是一连串随机事件动态关系的定量描述。研究随机过程的方法多种多样，主要可以分为两大类：一类是概率方法，其中用到轨道性质、随机微分方程等；另一类是分析的方法，其中用到测度论、微分方程、半群理论、函数堆和 Hilbert 空间等，实际研究中常常两种方法并用。另外，组合方法和代数方法在某些特殊随机过程的研究中也有一定作用。研究的主要内容有多指标随机过程、无穷质点与马尔可夫过程、概率与位势及各种特殊过程的专题讨论等。其中，马尔可夫过程很适合用于金融时序数列的预测，是在量化投资中的典型应用。

1.3 量化投资实验的知识储备和基本要求

进行量化投资实验的基本要求，是要具备一定的数学建模基础和高级编程语言基础。计算机语言的种类很多，本书主要介绍 C++ 语言、Matlab 语言和 R 语言。重点掌握 Matlab 语言。

1.3.1　C++ 语言

C++ 语言是一种优秀的程序设计语言，它在 C 语言的基础上发展而来，但它比 C 语言更容易为人们学习和掌握。C++ 以其独特的语言机制在计算机科学的各个领域中得到了广泛的应用。面向对象的设计思想是在原来结构化程序设计方法基础上的一个质的飞跃，C++ 完美地体现了面向对象的各种特性。目前 C++ 语言是金融工程领域的标准语言，擅长数值计算，应用比较广泛。

（一）程序编写步骤

1. 用 C++ 语言编写程序

用高级语言编写的程序称为"源程序"（source program）。C++ 的源程序是以".cpp"作为后缀的（cpp 是 c plus plus 的缩写）。

2. 对源程序进行编译

为了使计算机能执行高级语言源程序，必须先用一种被称为"编译器"（complier）的软件（也称编译程序或编译系统），把源程序翻译成二进制形式的"目标程序"（object program）。

编译是以源程序文件为单位分别编译的。目标程序一般以".obj"或".o"（object 的缩写）作为后缀。编译的作用是对源程序进行词法检查和语法检查。编译时对文件中的全部内容进行检查，编译结束后会显示出所有的编译出错信息。一般编译系统给出的出错信息分为两种：一种是错误（error），一种是警告（warning）。

3．将目标文件连接

在改正所有的错误并全部通过编译后，得到一个或多个目标文件。此时要用系统提供的"连接程序"（linker）将一个程序的所有目标程序和系统的库文件以及系统提供的其他信息连接起来，最终形成一个可执行的二进制文件，它的后缀是".exe"，是可以直接执行的。

4．运行程序

运行最终形成的可执行的二进制文件（.exe 文件），得到运行结果。

5．分析运行结果

如果运行结果不正确，应检查程序或算法是否有问题。

（二）C++语言的优点

C++语言具有以下主要优点：

（1）C++语言设计成静态类型、和C语言同样高效且可移植的多用途程序设计语言。

（2）C++语言可以支持多种程序设计风格（程序化程序设计、资料抽象化、面向对象程序设计、泛型程序设计）。

（3）C++语言给程序设计者提供更多的选择，并尽可能与C语言兼容，借此提供一个从C语言到C++语言的平滑过渡。

（4）C++语言避免了平台限定，普遍适用于大多数场合。

（5）C++语言的开发成本较低，并且代码量越大，这个优势越明显。

（6）C++语言无需复杂的程序设计环境。

（7）出于保证语言的简洁和运行高效等方面的考虑，C++语言的很多特性都是以库（如STL）或其他的形式提供的，而没有直接添加到语言本身里。

（8）C++语言在一定程度上可以和C语言很好地结合，甚至大多数C语言程序是在C++语言的集成开发环境中完成的。C++语言相对于众多面向对象的语言，具有相当高的性能。

（9）C++语言引入了面向对象的概念，使得开发人机交互类型的应用程序更为简单、快捷。很多优秀的程序框架如MFC、QT、wxWidgets等使用的都是C++语言。

1.3.2 Matlab 语言

Matlab 是一种高级技术计算语言和交互式环境，主要用于算法开发、数据可视化、数据分析以及数值计算。

与其他编程软件相比，Matlab 在算法应用上具有以下优势：

1. 简单易用

Matlab 语言是一个高级的矩阵/阵列语言，语法特征与 C++ 语言相似，语言简单且书写格式与科技人员对数学表达式的书写格式一致，更利于非计算机专业人员的使用。Matlab 语言具有移植性、可拓展性强的特点，编程周期短、效率高。

2. 强处理能力

Matlab 是一个包含大量计算算法的集合，拥有众多运算函数，包括矩阵、特征向量、快速傅里叶变换等复杂函数，可以方便地实现计算功能。经过各种优化和容错处理，Matlab 可替代底层编程语言，减少工作量，并能解决包括各类运算求解和多维数组操作以及建模动态仿真等问题。

3. 强图像处理

Matlab 的数据可视化功能将向量和矩阵用图形表示出来，独有的图形光照处理、色度处理以及四维数据的表现等，为科学计算和工程绘图提供了完善的图形处理功能。同时 Matlab 还保证了用户不同层次的要求，加入了图形对话，改善了图形界面（GUI）。

4. 应用程序接口

应用程序接口（API）帮助 Matlab 实现了与其他高级编程语言（C 语言、Fortran 语言等）进行交互的功能。实现方式是通过调节动态链接库（DLL），进行与 Matlab 文件的数据交换。

5. 开源工具箱支持

数百个内部函数的主包和三十几种工具包为 Matlab 实现函数计算、可视化建模仿真、文字处理以及专业性的功能提供了技术支持，目前也已加入多个支持金融建模的工具箱。Matlab 的开放性使得用户可以根据自身需求，对源程序进行修改或加入自己的编程，构造新的专用工具箱。

1.3.3 R 语言

R 语言主要用于统计分析、绘图的语言和操作环境。R 语言最初是由来自新西兰奥克兰大学的 Ross Ihaka 和 Robert Gentleman 开发的（也因此被称为 R 语言），现在由

"R开发核心团队"负责开发。R语言是基于S语言的一个GNU项目，所以也可以当做S语言的一种实现，通常用S语言编写的代码都可以不做修改地在R语言环境下运行。R语言的语法也来自Scheme。

R语言的源代码是开源的，可在多种平台下运行，包括UNIX（也包括FreeBSD和Linux）、Windows和MacOS。R语言主要是以命令行操作，同时有人开发了几种图形用户界面。

R语言自带多种统计学及数字分析功能。因为S语言的"血缘"，R语言比其他统计学或数学专用的编程语言有更强的面向对象（面向对象程序设计）的功能。

R语言的另一强项是绘图功能，制图具有印刷的质量，也可加入数学符号。虽然R语言主要用于统计分析或者开发统计相关的软件，但也有人用作矩阵计算。其分析速度可媲美专用于矩阵计算的自由软件GNU Octave和商业软件Matlab。

R语言的功能能够通过由用户撰写的包增强。增加的功能有特殊的统计技术、绘图功能，以及编程接口和数据输出/输入功能。这些软件包是由R语言、LaTeX、Java语言及最常用的C语言和Fortran语言撰写。下载的可执行文件版本会连同一批核心功能的软件包，而根据CRAN记录有过千种不同的软件包。其中有几款较为常用，例如用于经济计量、财经分析、人文科学研究以及人工智能的软件包。

1.4 量化投资实验操作平台

量化投资实验需要借助于相关的操作平台。本节主要介绍万得量化投资操作平台、大智慧量化投资操作平台和国泰安量化投资操作平台，本书的实验模块主要使用国泰安量化投资操作平台进行模型检验和回测。

1.4.1 Wind量化投资操作平台

Wind（万得）量化投资操作平台包括机构版和个人版两个版本。其中机构版随Wind金融终端（WFT）一起发布，个人版在大奖章网站（http：www.dajiangzhang.com/download）发布。Wind量化投资操作平台支持Matlab、R、VBA、Python、C♯和C++共6种语言。

Wind量化投资操作平台目前主要指Wind量化接口。Wind量化接口包含数据接口和交易接口两部分。

Wind量化投资操作平台的架构如图1-1所示。

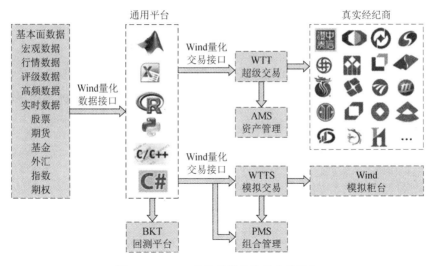

图 1-1 Wind 量化投资操作平台的架构

1.4.2 大智慧量化投资操作平台

大智慧量化投资操作平台（DTS）是一款面向机构、私募以及中小投资者的轻量级程序化交易平台。其主要特点是：策略云端运行，具有更完备准确的数据、更低的运维成本、更高效的交易通道。用户可以随时、随地、根据不同需要在云端运行策略。

DTS 平台的操作流程如图 1-2 所示。

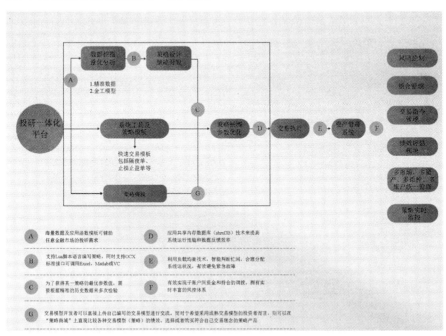

图 1-2 DTS 平台操作流程

1.4.3　国泰安量化投资操作平台

国泰安量化投资操作平台（QIA）是以标准化策略生产和验证为核心，主要面向有一定量化研究能力的机构投资者，集"精准全面数据流、量化投资策略构建、快速回测及高仿真撮合验证、高效准确绩效分析"服务于一体的标准化量化投资策略生产、调试和验证平台。

（一）QIA 软件的特点

QIA 软件具有以下功能特点：

- 支持 Matlab 语言的策略编写及回测；
- 支持股票、股指期货、商品期货、债券、ETF 基金的策略回测检验；
- 高速的本地矩阵缓存；
- 丰富灵活的数据提取功能，并支持提取期货主力合约、连续合约；
- 精确完备的数据库支持，配备国泰安基本面数据库和高频数据库，提供各市场 Lv1、Lv2 分笔高频和多周期的分时高频数据。

（二）QIA 安装

1. 安装环境

QIA 的安装环境要求如图 1-3 所示。

参数指标	说明		备注
硬件配置	CPU	Intel i5 处理器	
	硬盘	500G	
	内存	2G(最低配置以上)	
操作系统	Windows xp Windows 7 Windows server 2003/2008		由于 Windows 7 或 Windows 2008 server R2 操作系统本身的 bug 问题，可能会引起客户端和服务端在多线程运行时崩溃的问题，可以通过以下链接下载 Windows 补丁进行修复： http://support.microsoft.com/kb/2545627/zh-cn
平台要求	.NET Framework 4.0 (Service Pack 1)		
网络要求	千兆局域网		
端口要求	-		
说明	终端需安装 Matlab R2001b 或以上版本		

图 1-3　QIA 的安装环境

2. Matlab 安装

QIA 的策略开发和研究基于 Matlab 2011b 或以上版本，用户如需使用 QIA 策略研究功能需要先安装 Matlab 2011b 或以上版本。

3. QIA 安装步骤

第一步：双击"安装应用程序 QIASetup.exe"，进入安装向导，根据向导完成安装，如图 1-4 所示。

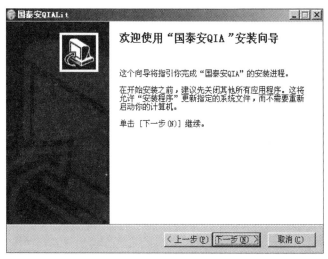

图 1-4　软件安装向导

第二步：单击"浏览"，设置安装目录文件夹，如图 1-5 所示。

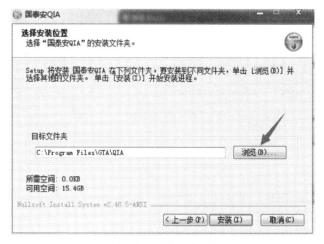

图 1-5　设置安装目录

第三步：设置安装目录完成后，单击"安装"，如图 1-6 所示。

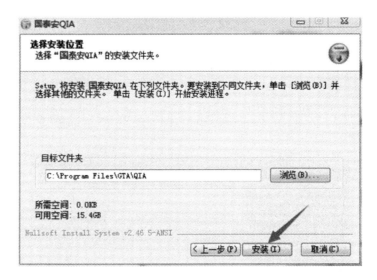

图 1-6　安装

第四步：安装完成，单击"关闭"，如图 1-7 所示。

图 1-7　安装完成

第五步：打开 Matlab，将 Matlab 的地址栏调整到 QIA 的安装目录下，如图 1-8 所示。

第六步：在 Matlab 的命令窗口运行 setThisQIAPath 函数，即将 QIA 路径添加到 Matlab 路径下，如图 1-9 所示。

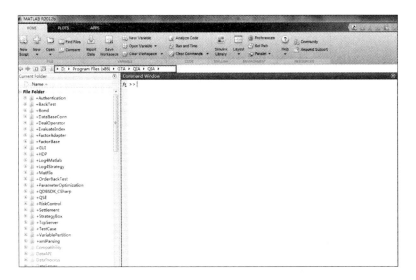

图 1-8　将 Matlab 的地址栏调整到 QIA 的安装目录

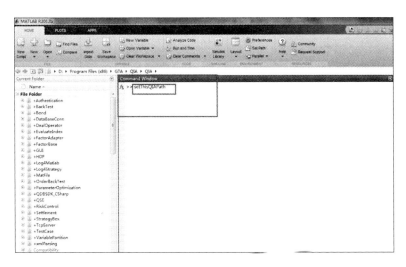

图 1-9　添加自定义路径

（三）QIA 使用指南

QIA 利用 Matlab 将策略研究所使用的配置文件简化为一个界面，将程序可视化，便于策略研究中的配置文件的生成。界面主要包含六个部分：菜单栏、策略管理、策略参数配置、回验参数配置、交易标的设置、策略回验函数编辑。

QIA 提供两种策略研究方式：界面操作和命令行操作。界面操作可以直接单击界面的选项，命令行操作需要在 Matlab 中进行相应的代码编辑。下面以此两种方式进行指导。

1. 登录界面及操作

打开 QIA 软件，进入登录界面，如图 1-10 所示。用户输入账号和密码，单击"登录"，进入 QIA 主界面，如图 1-11 所示。

图 1-10　QIA 登录界面

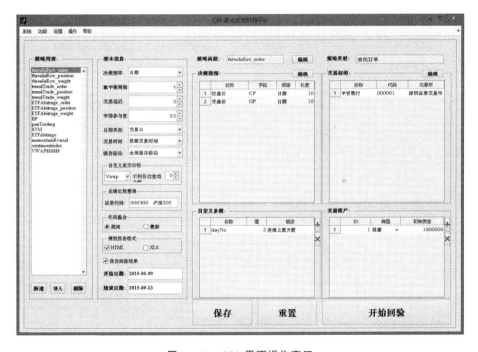

图 1-11　QIA 界面操作窗口

2. 策略管理窗口

在 QIA 主界面的策略管理窗口，可以以"新建""导入"和"删除"的方式对策略进行操作，如图 1-12 和表 1-1 所示。

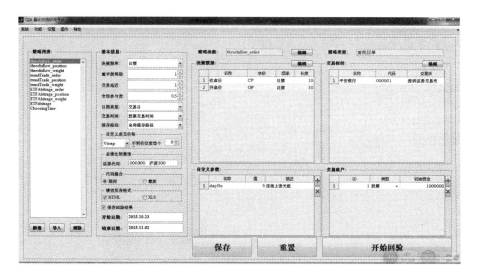

图 1-12 策略管理窗口

表 1-1 策略管理窗口功能

操作名称	功能
新建策略	根据自己的投资理念建立属于自己的策略
导入策略	导入已经写好的策略或导入 QIA 自带的策略
删除策略	对策略或策略组合进行增删操作

这里以新建一个策略为例：

（1）新建策略窗口

单击"新建"按钮，出现如图 1-13 所示的对话框。

图 1-13 新建策略

因为股票与期货策略的差异,QIA 支持以下三种策略模式:资金权重、目标持仓、委托单。各策略模式的解释如表 1-2 所示。

表 1-2 策略模式

策略函数输出	策略主函数语法
资金权重	策略函数输出目标市值占总资金的权重,后台首先将目标资金权重转为目标持仓,后转为委托单的形式,进行下市价单。多余资金进入账户余额
目标持仓	策略函数输出目标持仓时,股票单位为股,期货单位为手,后台依据现有持仓与目标持仓的差异自动下市价单
委托单	可以在策略内部使用下单、订单查询、账户查询、持仓查询等交易 API

(2) 策略配置窗口

策略配置窗口如图 1-14 所示,在基本信息窗口可以对决策频率、重平衡周期、交易延迟、市场参与度、日期类型、交易时间、缓存路径、业绩比较基准、债券的回购频率、证券代码集合、绩效报告格式、是否保存回验结果以及回验的开始和结束日期进行修改。

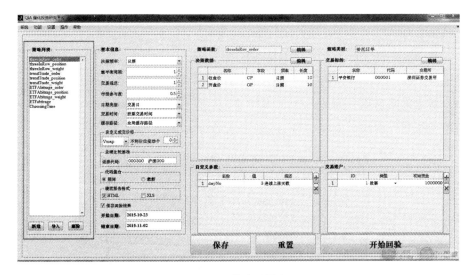

图 1-14 策略配置窗口

(3) 决策数据窗口

单击主界面决策数据右侧的"编辑"按钮,如图 1-15 所示。进入数据选择窗口,将所需数据选入数据池,单击"保存"按钮,如图 1-16 所示。

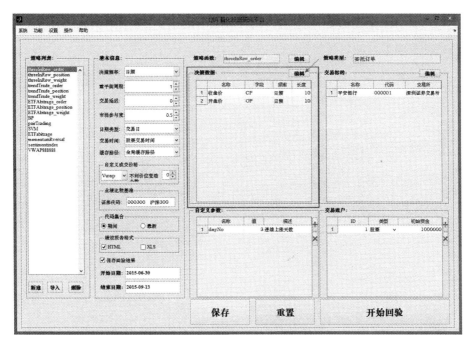

图 1-15 决策数据设置界面操作方法

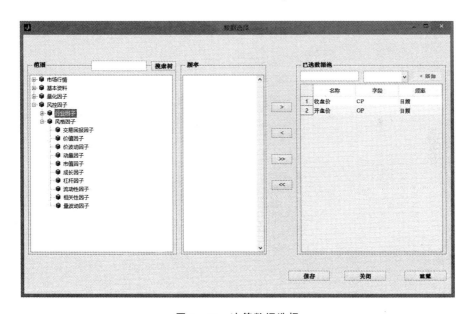

图 1-16 决策数据选择

(4) 交易标的窗口

在 QIA 主界面单击交易标的右侧的"编辑"按钮,如图 1-17 所示。

进入交易标的设置窗口,将所需证券选为交易标的,单击"保存"按钮,如图 1-18 所示。

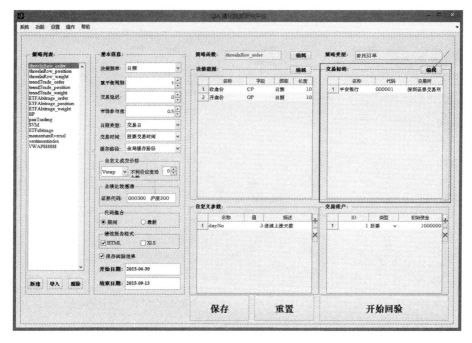

图 1-17 交易标的设置界面操作方法

图 1-18 交易标的设置

(5) 自定义参数设置

根据自己的需要设置自定义参数,选择自定义参数右侧的"+"选项,进行自定义参数编辑,如图 1-19 所示。

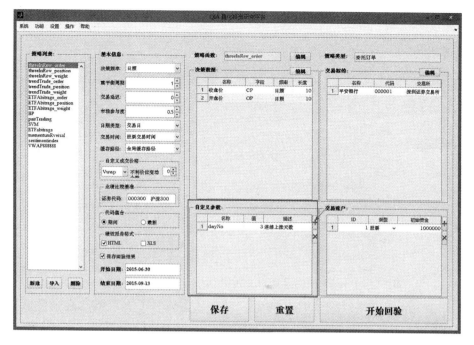

图 1-19 自定义参数操作方法

（6）交易账户设置

用户可以在主界面设置账户类型和初始资金，便于资金管理。账户类型分为"股票""期货"和"期权"三种。用户可以根据自己的需求，进行设置，如图 1-20 所示。

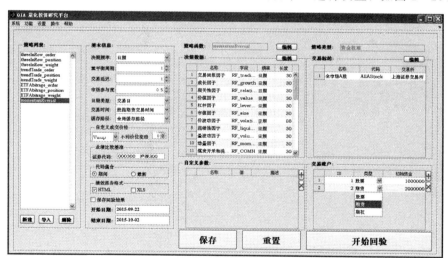

图 1-20 交易账户操作方法

（7）回测配置

选择菜单栏"设置"选项下的"费用和保证金"，即可进入保证金设置界面，如图 1-21 和图 1-22 所示。

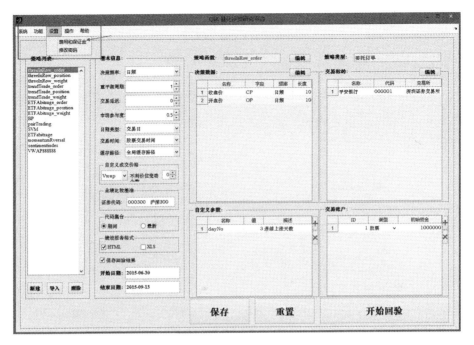

图 1-21　费用和保证金操作方法

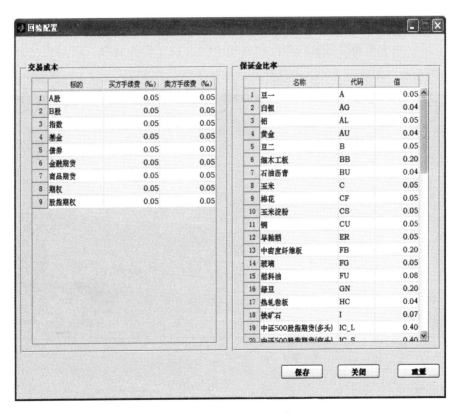

图 1-22　回验配置设定

(8) 策略函数编辑

单击主界面策略函数右侧的"编辑"按钮，如图 1-23 所示。在弹出的 Matlab 函数中对策略逻辑进行代码编辑，如图 1-24 所示。

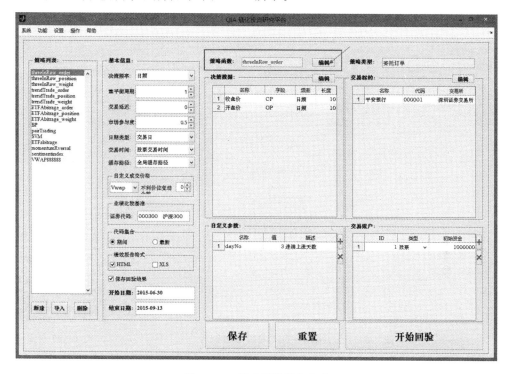

图 1-23 策略函数操作方法

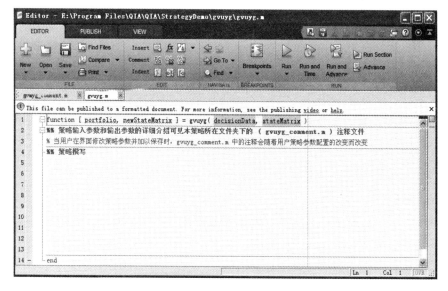

图 1-24 策略函数编辑窗口

(9) 策略函数编写

策略函数编写说明如图 1-25 所示。

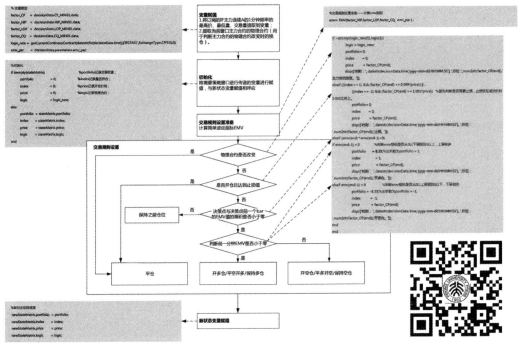

图 1-25　策略函数编写　　　　　图 1-25 彩图

① 变量赋值。负责将输入参数中策略函数需要使用的数据导入到变量中。

② 初始化。由于 QIA 为客户提供一个滑动窗口的回验平台，且 StateMatrix 为状态变量，能够将当前策略窗口下的 newStateMatrix 内的数据传入下一个策略窗口，因此在初始化的部分需要对 newStateMatrix 传递的变量进行初始化，供策略主函数使用。

③ 交易规则设置准备。策略主函数的这个部分负责对判断开平仓信号的变量进行计算赋值。

④ 交易规则设置。负责对具体的开平仓规则进行设置。

⑤ 新状态变量赋值。这个部分负责将需要传递给下个策略窗口的变量赋值给 newStateMatrix 内的变量，与初始化相对应。

(10) 策略回验

用户对以上板块设置完成之后，先单击"保存"按钮，再单击"开始回验"按钮，即可生成绩效报告。QIA 策略绩效报告主要包括概览、图表、权益曲线、统计列表、交易列表 5 个部分，如图 1-26 所示。

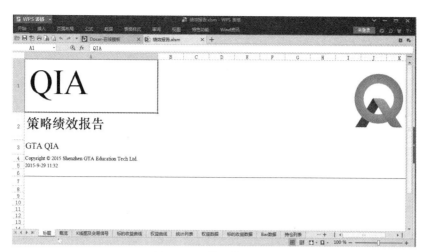

图 1-26 策略绩效报告

1.4.4 实验操作录像

本章实验操作录像请扫描以下二维码观看:

(推荐在 WIFI 环境下观看)

第 2 章 量化选股实验模块

2.1 实验目的与要求

通过量化选股模拟实验，使学生掌握量化选股的基本操作方法，熟悉量化投资平台的操作步骤，学会使用量化投资平台进行选股，从而达到获取超额收益的目的。

该实验要求如下：
(1) 能够熟练使用 Matlab 软件进行代码编程；
(2) 掌握证券投资基础知识；
(3) 掌握量化选股的基本方法和操作。

2.2 实验基础知识

量化选股是指利用数量化的方法判断某个公司是否值得买入，以值得买入的股票构建股票组合，以期该股票组合能够获得超越基准收益率的投资行为。

量化选股策略分为两类：第一类是基本面选股，分别是多因子模型、风格轮动模型和行业轮动模型；第二类是市场行为选股，分别是资金流模型、动量反转模型、一致预期模型、趋势追踪模型和筹码选股模型。

（一）基本面选股

1. 多因子模型

多因子模型是应用最广泛的一种选股模型，基本原理是采用一系列的因子作为选股标准，满足这些因子的股票被买入，不满足的则被卖出。在不同的市场条件下，总会有一些因子发挥作用。

多因子模型的优点是能够在综合很多信息后得出一个选股结果。在量化投资界，不同的投资者和研究者都开发了很多不同的多因子模型。各种多因子模型的核心区别一是表现在因子的选取上，二是表现在如何用多因子综合得到一个最终的判断。

一般而言，多因子选股模型有两种判断方法，一是打分法，二是回归法。

多因子选股模型的建立过程主要分为候选因子的选取、选取因子的有效性检验、有效但冗余因子的剔除、综合评分模型的建立和选股、模型的评价及持续改进五个步骤。

2. 风格轮动模型

风格轮动模型是利用市场的风格特征进行投资。比如有时市场偏好小盘股，有时偏好大盘股，如果是在风格转换的初期介入，则可以获得较大的超额收益。

投资风格是指投资于某类具有共同收益特征或共同价格行为的股票。投资风格的形成来源于对股票市场异象的研究成果。在长期市场研究中，研究人员发现存在大量市场异象，主要包括公司属性效应、趋势效应等。市场有效性程度不是一成不变的，会随时间不断变化。所以风格投资从本质上来说就是通过执行各种投资决策，从某些特定分割的、异质的市场或从某类错误定价的股票中获得超额收益。

3. 行业轮动模型

与风格轮动类似，行业轮动是另外一种市场短期趋势的表现形式。由于经济周期的原因，总有一些行业先启动，有一些行业跟随。在经济周期过程中，在轮动开始前进行配置，在轮动结束后进行调整，可以获取超额收益。

（二）市场行为选股

1. 资金流模型

资金流模型的基本思想是利用资金的流向来判断股票价格的涨跌，如果资金流入，则股票价格应该会上涨，如果资金流出，则股票价格应该下跌。所以将资金流入流出的情况编成指标，就可以利用该指标来判断在未来一段时间股票的涨跌情况了。

2. 动量反转模型

动量与反转效应是市场上经常出现的一种情况。动量效应是指在一定时期内，如果某股票或者某只股票组合在前一段时期表现较好，那么，下一段时期该股票或者股票投资组合仍将有良好表现；反转效应是指在一定时期内表现较差的股票在接下来的一段时期内有回复均值的需要，所以表现会较好。动量策略就是寻找前期强势的股票，判断它将继续强势后买入持有；反转策略就是寻找前期弱势的股票，判断它将出现逆转后买入持有。

3. 一致预期模型

一致预期是指市场上对某只股票有一致的看法，看多或者看空，在众多分析师的一致预期下，投资者会产生羊群效应，大量买入或卖出，从而导致股票持续上升或者下跌。

一致预期选股策略就是采用分析师的评级数据来构建相应的组合，试图找出最适合的一致预期参数。

4. 趋势追踪模型

趋势追踪属于图形交易的一种，就是当股价出现上涨趋势的时候追涨买入，在股价出现下跌趋势的时候杀跌卖出，本质上是一种追涨杀跌策略。判断趋势的指标有很多种，包括 MA、EMA、MACD 等，其中最简单也是最有效的是均线策略。

趋势追踪策略就是试图寻找大的趋势波段的到来，并且在突破的时候进行建仓或者平仓操作，以期获得大的波段。

5. 筹码选股模型

筹码选股的基本思想是通过判断某只股票的筹码分布情况来判断股票未来的涨跌。根据主力持仓理论，如果主力资金开始收集筹码，则意味着在未来一段时间该股票上涨的概率比较大；如果主力资金开始派发筹码，则意味着未来一段时间该股票下跌的概率比较大。所以根据筹码的分布和变动情况，就可以预测股票在未来将会上涨还是下跌。

2.3　实验步骤及示例

该实验以反转策略为例，进行演示操作。

该案例的实证对象为所有 A 股股票，以 2015 年 9 月 22 日至 2015 年 10 月 2 日为回验周期，利用 2015 年 9 月 22 日前 30 天内所有风险因子和收益率作为决策依据，对所有 A 股收益率和国泰安风险数据库里的所有风险因子进行多元回归，利用风险因子无法解释的残差序列进行排序，对前百分之十的股票买空，对后百分之十的股票买多。

（一）登录与主界面

打开 QIA 软件，进入登录界面，如图 2-1 所示。输入账号和密码，单击"登录"，进入 QIA 主界面，如图 2-2 所示。

图 2-1 QIA 登录界面

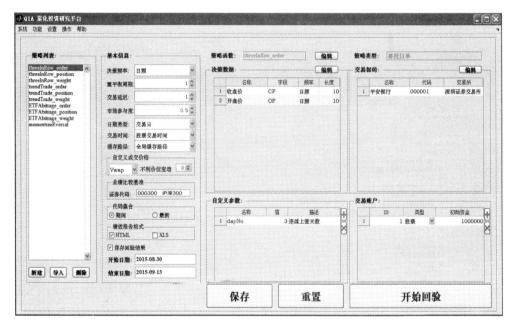

图 2-2 QIA 界面操作窗口

(二) 新建策略

在 QIA 主界面,单击"策略列表"下方的"新建"按钮,如图 2-3 所示。进入新建策略对话框,在弹出的新建策略对话框中,输入策略名称"momentumRversal",选择策略类型为"资金权重",选择存储路径后,单击"确定"按钮,如图 2-4 所示。

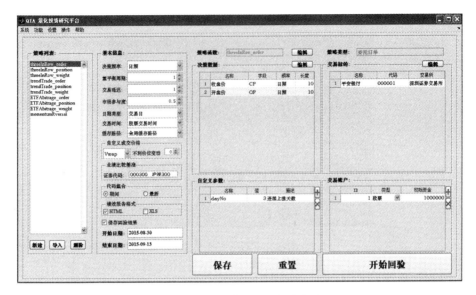

图 2-3　新建策略界面操作方法

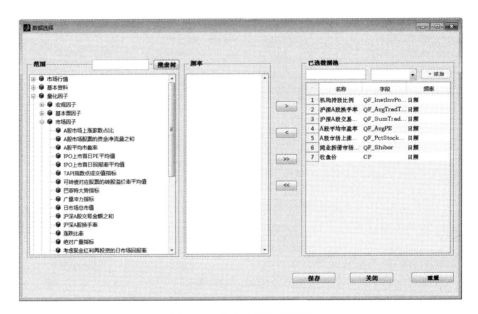

图 2-4　新建动量反转策略

(三) 策略参数设置

在 QIA 主界面的基本信息模块下，根据需求设置相应的参数，如图 2-5 所示。本策略中将决策频率设置为日频，重平衡周期设置为 1，交易延迟设置为 1，市场参与度设置为 0.5，日期类型选择"交易日"，交易时间选择"股票交易时间"，选择沪深 300 作为业绩比较基准，代码集合选择"期间"，绩效报告格式选择"HTML"，开始日期设为 2015 年 9 月 22 日，结束日期设为 2015 年 10 月 2 日。设置结果如图 2-6 所示。

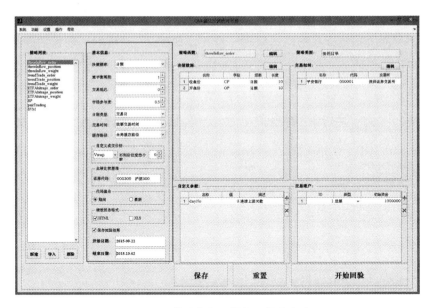

图 2-5　策略参数设置界面操作方法

图 2-6　策略参数设置

(四)决策数据选择

单击主界面决策数据右侧的"编辑"按钮,如图2-7所示。进入数据选择窗口,将数据选择中的风控因子项下的行业因子和风格因子全部选入数据池,单击"保存"按钮,如图2-8所示。

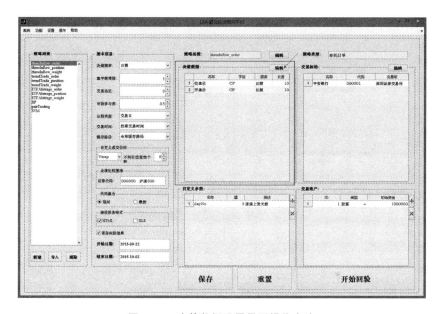

图2-7 决策数据设置界面操作方法

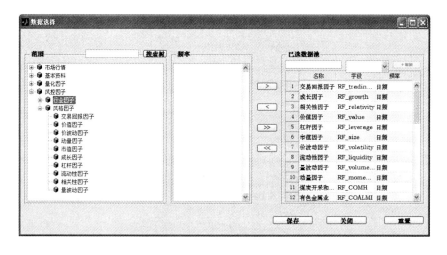

图2-8 决策数据选择

(五)交易标的设置

在QIA主界面单击交易标的右侧的"编辑"选项,如图2-9所示。进入交易标的设置窗口，将证券类别中的全部 A 股股票选为交易标的，单击"保存"按钮，如图 2-10 所示。

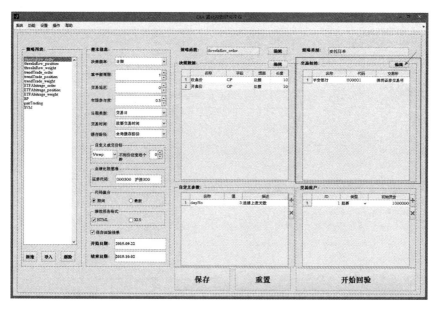

图 2-9 交易标的设置界面操作方法

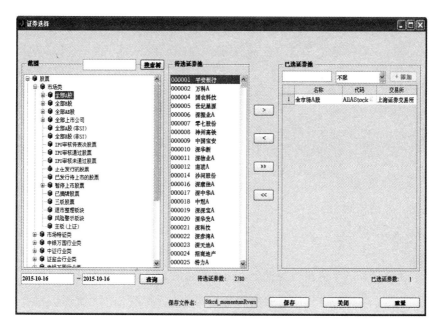

图 2-10 交易标的设置

（六）自定义参数设置

根据自己的需要设置自定义参数，选择自定义参数右侧的"＋"选项，进行自定义参数编辑,如图 2-11 所示。依次填写"名称""值"和"描述",填写结果如图 2-12 所示。

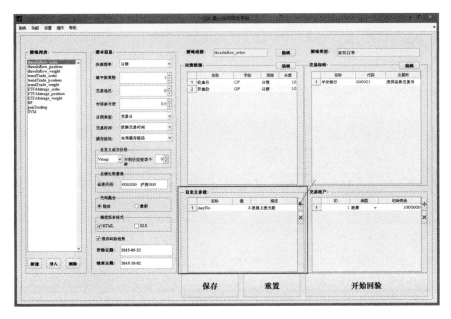

图 2-11 自定义参数操作方法

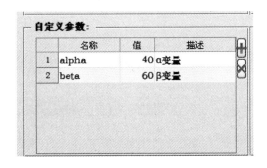

图 2-12 自定义参数设置

(七)交易账户设置

在主界面设置账户类型和初始资金,便于资金管理。账户类型分为"股票""期货"和"期权"三种。本策略设置股票初始资金 300 万元,如图 2-13 所示。

(八)费用和保证金设置

选择菜单栏"设置"选项下的"费用和保证金",即可进入保证金设置界面,如图 2-14 所示。单击"设置"按钮,对费用和保证金进行设置,如图 2-15 所示。

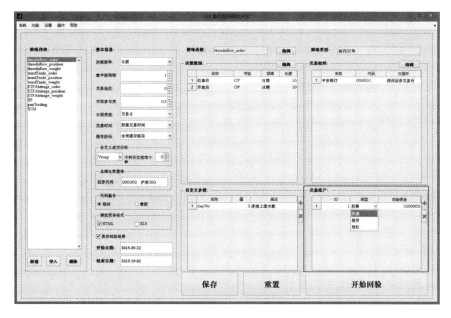

图 2-13　交易账户设置操作方法

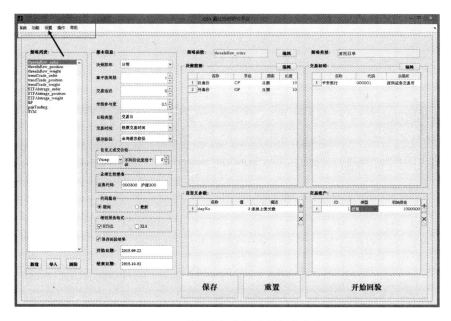

图 2-14　保证金及费用设置操作方法

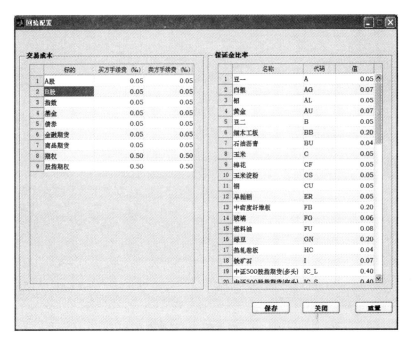

图 2-15 费用及保证金设置

(九) 策略函数编辑

单击主界面策略函数右侧的"编辑"按钮,如图 2-16 所示。在弹出的 Matlab 函数中对策略逻辑进行代码编辑,编辑结果如图 2-17 所示。

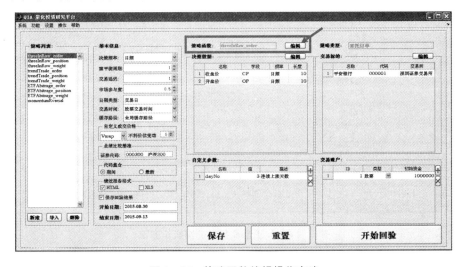

图 2-16 策略函数编辑操作方法

图 2-17　策略函数编辑

策略代码解释说明如下：

function [portfolio, newStateMatirx] = momentumRversal (decisionData, stateMatirx)

该策略为风险因子过滤后的动量反转策略。

输入：decisionData，风控因子数据及所有 A 股收益率数据；

输出：portfolio，资金权重。

1. 对变量进行赋值

```
rate=0.1;
variableList=...
{'tradingreturn', 'growth', 'relativity', 'value', 'leverage', 'size',...
  'volatility', 'liquidity', 'volumevolatility', 'momentum', 'COMH',
  'COALMI',...
  'SF', 'OM', 'OGI', 'RUMA', 'DR', 'ECO', 'BI', 'FRI', 'ATI', 'MET',...
  'MINS', 'NFMETAL', 'BMTVI', 'RI', 'TCI', 'RER',...
  'PUB', 'SSI', 'SI', 'MMF', 'TLI', 'CEMR'};
    for i=1: length(variableList)
```

说明：风险因子名称。

```
        eval([variableList{i}, ' = ', ' decisionData.RF _ ', variableList{i},
        '_DAY01.data; '])
    end
```

说明：从策略决策所需数据中取出风险因子数据。

```
Rtn=decisionData.Rtn_DAY01.data;
```

说明：从策略决策所需数据中取出收益率数据。

2. 初始化

```
if isempty(stateMatirx)
residul=NaN(size(Rtn));
for i=1: 30
Y=Rtn(:, i);
RF=NaN(size(Rtn, 1), 34);
for j=1: length(variableList)
   x=eval(variableList{j});
   RF(:, j)=x(:, i);
   end
   [~, ~, r]=regress(Y, RF);
  residul(:, i)=r;
end
else
```

说明：对此时间点向后追溯 30 期的数据，每日以收益率为因变量，以 34 个风控因子为自变量进行回归，得到 30 维的残差矩阵。

```
residul=stateMatirx.residul;
```

```
Y=Rtn(:, end);
RF=NaN(size(Rtn, 1), 34);
for j=1: length(variableList)
    x=eval(variableList{j});
    RF(:, j)=x(:, end);
end
[~, ~, r]=regress(Y, RF);
residul(:, 1: end-1)=residul(:, 2: end);
residul(:, end)=r;
end
```

说明：以后只计算当日的残差向量，对stateMatirx最后一列刷新。

3. 交易规则设置准备

```
momentum=nansum(residul, 2);
index        =(1: size(momentum, 1))';
object       =[momentum, index];
object=object(~isnan(momentum),:);
object=sortrow(object);
```

说明：计算30日动量。

```
totalN=size(object, 1);
n        =fix(totalN* rate);
weight=  0.5/n;
```

说明：对每只标的等权重分配资金。

```
portfolio=zeros(size(Rtn, 1), 1);
portfolio(object(1: n, 2))=weight;
portfolio(objec(end-n+1: end, 2))=-weight;
```

说明：动量前n的股票做空，后n的股票做多。

```
newStateMatirx.residul=residul;
end
```

说明：新状态矩阵赋值。

（十）策略回验

设置完成以上板块之后，先单击"保存"按钮，再单击"开始回验"按钮，即可生成策略绩效报告表，如图2-18所示。

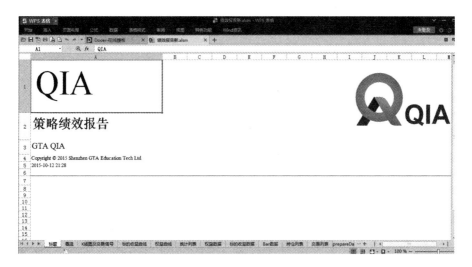

图 2-18 策略绩效报告

(十一) 绩效报告分析

1. 策略投资组合对比

策略投资组合对比图如图 2-19 所示。

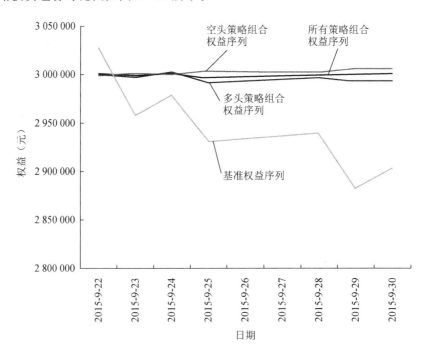

图 2-19 反转策略累计收益率与基准收益率的比较

通过使用反转策略后,可以看出运用反转策略之后,投资组合的收益不仅跑赢了基准收益,而且获益 0.03%。

2. 反转策略账户汇总

反转策略账户汇总如表 2-1 所示。

表 2-1 反转策略账户汇总

账户汇总	所有策略组合权益	空头组合策略权益	多头组合策略权益
初始权益(元)	3 000 000	3 000 000	3 000 000
期末权益(元)	3 000 936.177	2 993 889.808	3 007 046.369
累计盈亏(元)	936.176 723 4	-6110.192 071	7046.368 794
累计收益率(%)	0.031 205 891	-0.203 673 069	0.234 878 96
年化收益率(%)	1.129 568 81	-7.076 821 822	8.812 635 644
手续费(元)	47.665 612 21	27.692 948 69	19.972 663 52

由表 2-1 可以看出,通过运用反转策略之后,账户期末盈利 936.176 723 4 元,累计收益率达 0.03% 以上,年化复合收益率约为 1.13%。

3. 反转策略绩效

反转策略绩效指标如表 2-2 所示。

表 2-2 反转策略绩效指标

绩效指标	所有策略组合权益	空头组合策略权益	多头组合策略权益
夏普比率	-0.399 522 253	-3.109 380 198	5.322 505 219
盈利因子	2.941 784 551	1.569 087 456	8.370 274 752
索提诺比率	-1.287 609 043	-4.234 309 833	11.970 654 17
Omega 比率	13.567 832 88	8.830 500 817	37.807 041 03
上侧风险	7.573 699 982	5.308 211 104	20.634 871 95
信息比率	8.101 259 552	8.071 838 861	7.655 036 965

由表 2-2 可以看出,通过运用反转策略之后,夏普比率约为 -0.40,信息比率约为 8.10。

4. 买多和卖空股票情况

买多和卖空股票情况,如表 2-3 所示。

表2-3 买多和卖空股票情况

账户汇总				
交易代码	交易所代码	多头持仓(股)	空头持仓(股)	浮动盈亏(元)
2	SZSE	0	100	-6.631 418 409
9	SZSE	0	100	4.067 986 265
16	SZSE	200	0	-245.403 105 4
17	SZSE	100	0	-5.035 992 819
19	SZSE	100	0	-0.118 127 349
30	SZSE	200	0	26.634 221 49
31	SZSE	100	0	-3.367 285 186
34	SZSE	0	100	-45.220 863 31
37	SZSE	200	0	-4.907 518 82
43	SZSE	200	0	-43.175 001 33
45	SZSE	100	0	-6.848 071 683
58	SZSE	100	0	-6.819 591 323
99	SZSE	100	0	-27.818 641 85
404	SZSE	0	200	-37.771 602 96
408	SZSE	100	0	-4.881 054 843
416	SZSE	200	0	-106.863 789 3
425	SZSE	0	300	176.786 641 6
502	SZSE	0	88	-81.908 769 09
505	SZSE	200	0	-102.168 182
506	SZSE	200	0	-8.146 859 205
510	SZSE	0	200	-2.309 157 134
517	SZSE	400	0	0.301 193 884
547	SZSE	100	0	-77.927 458 43
548	SZSE	200	0	-59.763 156 65
557	SZSE	0	200	46.019 307 32
561	SZSE	200	0	-46.035 873 81
563	SZSE	200	0	-80.769 657 13
565	SZSE	100	0	-14.592 692 56

(续表)

账户汇总				
交易代码	交易所代码	多头持仓（股）	空头持仓（股）	浮动盈亏（元）
576	SZSE	0	100	30.549 558 74
585	SZSE	0	200	67.030 600 47
592	SZSE	100	0	−150.611 303 9
608	SZSE	300	0	67.398 733 36
609	SZSE	0	100	190.355 264 3
628	SZSE	0	100	32.994 601 31
638	SZSE	100	0	−7.695 142 56
650	SZSE	100	0	−99.584 559 77
655	SZSE	200	0	−108.931 379 2
659	SZSE	0	400	−0.180 504 955
666	SZSE	0	100	18.361 090 81
683	SZSE	300	0	−77.906 791 09
687	SZSE	100	0	11.600 245 14
703	SZSE	200	0	−106.890 843 2
709	SZSE	491	0	−100.255 603 5
720	SZSE	200	0	−104.622 209
736	SZSE	0	100	50.663 696 38
753	SZSE	0	300	15.043 083 46
778	SZSE	200	0	−258.222 653 9
788	SZSE	100	0	−46.989 974 43
791	SZSE	0	100	121.132 982 1
793	SZSE	100	0	−79.750 262 19
797	SZSE	97	0	−108.570 393 9
810	SZSE	100	0	−66.213 664 84
815	SZSE	100	0	−5.463 182 437
818	SZSE	200	0	−401.377 127 7
820	SZSE	100	0	−38.586 135 71
852	SZSE	100	0	−123.047 790 1

(续表)

账户汇总				
交易代码	交易所代码	多头持仓（股）	空头持仓（股）	浮动盈亏（元）
862	SZSE	200	0	−43.851 360 58
863	SZSE	100	0	−36.871 995 5
878	SZSE	100	0	−118.124 727 7
880	SZSE	0	100	−14.362 370 57
885	SZSE	0	93	−10.799 771 64
906	SZSE	100	0	1.123 776 888
910	SZSE	0	100	28.265 175 21
923	SZSE	100	0	−98.082 139 13
930	SZSE	100	0	−67.761 468 96
936	SZSE	200	0	−7.546 715 656
959	SZSE	400	0	−51.668 377 52
961	SZSE	100	0	−78.048 709 87
975	SZSE	100	0	0.765 341 331
2016	SZSE	200	0	−42.092 357 22
2067	SZSE	0	196	−146.640 263 9
2069	SZSE	100	0	−22.384 665 09
2079	SZSE	0	200	71.686 058 93
2081	SZSE	100	0	−81.714 905 79
2087	SZSE	0	200	−8.156 918 977
2096	SZSE	100	0	−47.446 209 05
2101	SZSE	100	0	9.643 989 598
2108	SZSE	0	100	50.017 365 27
2110	SZSE	288	0	43.790 473 09
2127	SZSE	100	0	−81.896 159 96
2129	SZSE	100	0	−68.631 389 29
2162	SZSE	0	100	94.890 896 01
2163	SZSE	200	0	0.502 405 353
2207	SZSE	0	96	93.068 690 58

(续表)

账户汇总				
交易代码	交易所代码	多头持仓（股）	空头持仓（股）	浮动盈亏（元）
2214	SZSE	100	0	−170.983 765 3
2216	SZSE	100	0	−34.140 172 63
2226	SZSE	200	0	−102.544 388 7
2232	SZSE	100	0	−7.163 830 462
2233	SZSE	200	0	−49.637 218 98
2243	SZSE	100	0	−4.714 652 689
2246	SZSE	100	0	9.679 898 776
2248	SZSE	100	0	−47.517 392 14
2263	SZSE	0	200	64.112 727 65
2264	SZSE	200	0	12.972 522 85
2266	SZSE	0	200	57.948 180 05
2269	SZSE	300	0	−42.859 608 49
2272	SZSE	200	0	12.717 921 71
2285	SZSE	100	0	50.062 651 29
2288	SZSE	200	0	−99.052 860 46
2291	SZSE	100	0	2.414 885 407
2308	SZSE	100	0	87.410 260 51
2325	SZSE	100	0	−119.443 507 5
2326	SZSE	100	0	6.652 260 197
2336	SZSE	100	0	−69.460 386 1
2367	SZSE	100	0	−38.043 858 34
2375	SZSE	100	0	−89.549 053 67
2378	SZSE	194	0	−22.314 316 7
2387	SZSE	0	100	−5.595 340 372
2388	SZSE	200	0	−56.335 856 42
2395	SZSE	0	100	−73.592 557 24
2410	SZSE	100	0	−40.297 351 98
2416	SZSE	100	0	−34.960 452 78

(续表)

账户汇总				
交易代码	交易所代码	多头持仓（股）	空头持仓（股）	浮动盈亏（元）
2423	SZSE	100	0	19.379 989 51
2425	SZSE	100	0	6.631 940 159
2429	SZSE	0	100	−38.302 058 45
2432	SZSE	100	0	−4.454 990 032
2455	SZSE	0	200	30.982 768 28
2461	SZSE	100	0	−10.155 971 16
2471	SZSE	99	0	−87.242 046 26
2482	SZSE	99	0	85.717 197 53
2493	SZSE	200	0	6.556 855 987
2497	SZSE	0	200	7.875 722 031
2503	SZSE	100	0	−92.428 213 26
2506	SZSE	200	0	136.352 383 3
2512	SZSE	0	100	−10.284 296 87
2529	SZSE	0	100	63.939 486 06
2549	SZSE	100	0	4.942 998 066
2552	SZSE	100	0	−80.015 004 09
2565	SZSE	200	0	16.269 227 61
2576	SZSE	100	0	−6.143 827 64
2583	SZSE	0	100	41.144 879 33
2586	SZSE	200	0	−199.421 209 7
2607	SZSE	0	100	−44.848 233 65
2617	SZSE	0	100	−20.082 706 97
2628	SZSE	0	200	−104.795 093 1
2631	SZSE	100	0	−83.670 869 29
2644	SZSE	100	0	66.751 220 1
2651	SZSE	0	100	62.730 598 02
2656	SZSE	100	0	−50.983 507 39
2669	SZSE	100	0	−10.199 951 06

(续表)

账户汇总				
交易代码	交易所代码	多头持仓（股）	空头持仓（股）	浮动盈亏（元）
2678	SZSE	100	0	−12.938 717 42
2696	SZSE	0	100	−24.305 687 1
300043	SZSE	0	100	−11.944 850 4
300048	SZSE	100	0	−62.307 644 61
300051	SZSE	0	100	11.098 968 29
300057	SZSE	100	0	6.606 106 319
300062	SZSE	0	98	−4.456 612 272
300116	SZSE	0	200	137.494 179 5
300167	SZSE	98	0	−105.045 316 5
300181	SZSE	0	100	7.023 283 923
300191	SZSE	0	100	−0.000 133 245
300192	SZSE	0	100	−66.831 626 42
300215	SZSE	0	100	−5.023 062 204
300247	SZSE	0	100	11.077 682 3
300249	SZSE	100	0	−92.179 240 68
300257	SZSE	100	0	−59.890 356 04
300283	SZSE	0	100	−18.148 132 71
300287	SZSE	100	0	−43.673 641 67
600000	SSE	0	100	−122.051 903 8
600018	SSE	0	200	90.504 816 77
600020	SSE	0	300	−8.041 286 11
600028	SSE	0	300	1.592 045 184
600048	SSE	0	200	−34.948 858 61
600050	SSE	0	200	57.864 218 15
600061	SSE	100	0	85.752 177 68
600075	SSE	100	0	−147
600094	SSE	200	0	−78.198 678 64
600095	SSE	0	100	0.151 356 498

(续表)

		账户汇总		
交易代码	交易所代码	多头持仓（股）	空头持仓（股）	浮动盈亏（元）
600101	SSE	0	100	−5.895 444 249
600104	SSE	0	100	20.484 215 53
600129	SSE	100	0	−12.497 807 07
600133	SSE	0	100	91.079 142 11
600135	SSE	100	0	196.069 904 4
600149	SSE	0	100	20.342 478 66
600171	SSE	100	0	0.802 782 009
600179	SSE	100	0	4.394 751 625
600185	SSE	100	0	−53.246 474 38
600191	SSE	0	96	19.251 643 46
600202	SSE	100	0	−124
600210	SSE	0	200	35.907 558 37
600212	SSE	200	0	−80
600217	SSE	200	0	−27.345 580 27
600225	SSE	278	0	−76.025 666 68
600287	SSE	0	100	15.996 680 13
600326	SSE	100	0	−4.201 044 541
600338	SSE	100	0	−7.946 279 209
600353	SSE	200	0	−24.178 061 17
600355	SSE	300	0	−147.372 865
600366	SSE	100	0	−4.398 057 164
600377	SSE	0	200	−9.907 452 073
600378	SSE	100	0	−48.335 498 68
600383	SSE	0	100	78.065 260 32
600395	SSE	200	0	−142.537 432 1
600400	SSE	0	100	113.430 927 1
600408	SSE	500	0	−411.290 035 9
600416	SSE	100	0	41.665 362 39

(续表)

账户汇总				
交易代码	交易所代码	多头持仓（股）	空头持仓（股）	浮动盈亏（元）
600418	SSE	0	100	−51.680 734 82
600433	SSE	0	100	71.827 405 55
600468	SSE	100	0	−23.550 544 11
600501	SSE	100	0	−2.079 574 961
600523	SSE	100	0	65.049 659 87
600538	SSE	200	0	−61.147 322 15
600545	SSE	0	100	191.802 593 3
600552	SSE	100	0	−9.214 432 729
600561	SSE	100	0	−1.527 084 094
600581	SSE	200	0	−143.341 449 2
600589	SSE	200	0	37.693 831 19
600602	SSE	200	0	−19.209 608 43
600609	SSE	300	0	−180.141 506 5
600611	SSE	0	100	12.277 228 88
600614	SSE	192	0	−130.193 879 8
600621	SSE	0	100	239.208 885 5
600623	SSE	100	0	−84.467 009 85
600651	SSE	100	0	−101.325 332 2
600662	SSE	0	100	231.326 721 5
600676	SSE	0	100	73.576 135 22
600677	SSE	99	0	−49.181 347 34
600683	SSE	0	200	−38.808 048
600702	SSE	100	0	−62.101 998 61
600708	SSE	0	100	149.518 831 9
600726	SSE	200	0	−103.386 423
600734	SSE	200	0	−23.032 402 83
600737	SSE	100	0	−2.655 468 321
600743	SSE	0	200	37.943 042 93

(续表)

账户汇总				
交易代码	交易所代码	多头持仓（股）	空头持仓（股）	浮动盈亏（元）
600764	SSE	100	0	−91.597 171 57
600765	SSE	100	0	18.015 319 35
600773	SSE	100	0	−11.720 224 82
600775	SSE	100	0	39.453 619 98
600776	SSE	200	0	1.520 940 497
600790	SSE	200	0	−87.098 514 42
600792	SSE	0	200	156.526 301 3
600807	SSE	100	0	−79.627 688 98
600815	SSE	200	0	−115.225 192 9
600816	SSE	100	0	−97.473 245 78
600824	SSE	0	200	86.069 433 03
600838	SSE	0	100	237.031 645 7
600853	SSE	0	200	−221.646 469 6
600862	SSE	100	0	−11.202 918 03
600864	SSE	100	0	13.916 179 02
600871	SSE	0	100	84.682 972 8
600879	SSE	100	0	94.334 901 33
600886	SSE	100	0	−92
600887	SSE	0	100	−2.637 739 955
600962	SSE	100	0	8.783 201 308
600971	SSE	0	200	52.767 029 46
600980	SSE	98	0	−20.595 026 55
600981	SSE	200	0	0.106 014 61
600982	SSE	0	200	−27.135 250 87
601002	SSE	0	100	16.647 730 33
601636	SSE	0	348	193.837 314
601668	SSE	0	200	7.814 872 225
601718	SSE	100	0	−3.397 500 919

(续表)

		账户汇总		
交易代码	交易所代码	多头持仓（股）	空头持仓（股）	浮动盈亏（元）
601766	SSE	0	100	34.736 690 83
601789	SSE	100	0	−101.968 457 7
601899	SSE	0	400	4.213 413 637
601918	SSE	100	0	−4.389 331 307
601999	SSE	200	0	−27.784 117 96
300368	SZSE	100	0	−7.096 507 956
2713	SZSE	98	0	−10.116 440 33
2716	SZSE	200	0	−38.122 907 02
601016	SSE	97	0	54.407 761 94

该反转策略对上证和深证所有 A 股股票进行回验，回归之后对前百分之十的股票买空，后百分之十的股票买多。至此完成了量化选股的全过程。

2.4 实验操作录像

本章实验操作录像请扫描以下二维码观看：

（推荐在 WIFI 环境下观看）

第3章 量化择时实验模块

3.1 实验目的与要求

本章通过对基于情绪指数的量化择时模拟实验的介绍与模拟，使读者能够快速熟悉量化投资平台的操作步骤，掌握量化择时的基本操作方法，从而学会运用投资平台实现程序化择时、获取超额收益的目的。

该实验要求如下：

(1) 掌握量化择时的基本方法；

(2) 能够熟练掌握量化投资平台的基本操作；

(3) 能够熟练使用 Matlab 软件进行代码编程。

3.2 实验基础知识

量化择时就是用数理统计中的量化方法来判断股票市场走势，通过股票市场中各种关键指标数据进行分析，得到影响股票市场走势的关键因素，从而预测股票市场的未来走势。如果未来走势是上涨，则买入；如果未来走势是下跌，则卖出。量化择时的方法有很多，如趋势择时、市场情绪择时、时变夏普比率、牛熊线、Hurst 指数及异常指标模型等，本章将主要研究情绪择时。

(一) 趋势择时

趋势择时来源于技术分析。技术分析认为趋势存在延续性，因此只要找到趋势方向，跟随操作即可。

技术分析是与基本面分析相对应的一种证券交易分析方法，也是实际操作中运用最多的分析方法之一。其理论基础基于三项市场假设：市场行为涵盖一切信息；价格沿趋势移动；历史会重演。从这三项假设出发产生了许多不同的技术分析流派和理论体系，其中包括道氏理论、K线图分析、波浪理论等。这些方法被广泛地利用、流传和发展，并在一个多世纪以来的证券交易发展史中产生了巨大的影响。

从实际操作的角度来看，不同的技术分析流派，不论其产生的背景与基本原理如何，都是在证券交易的历史数据的基础上，通过统计分析、数学计算甚至绘图等方法，来预测证券价格的未来走势。一般来说，技术分析方法主要可以分为指标类、切线类、形态类、K线类和波浪类。而指标类技术分析方法是使用最多的一种。它通过考虑市场行为的多个方面建立数学模型来得到一个能够代表证券市场某个方面的数字，即所谓的技术指标。指标之间的相互关系可以反映市场所处的态势，给予投资者相应的指导。

目前技术指标主要分为趋势性指标、反趋势指标、能量指标、大盘指标、压力支撑指标等类别。比较常见的有相对强弱指标（RSI）、随机指标（KD）、趋向指标（DMI）、平滑异同移动平均指标（MACD）等。

（二）市场情绪择时

市场情绪择时就是利用投资者的热情程度来判断大势方向：当投资者热情高涨、积极入市时，大盘可能会继续上涨；当投资者情绪低迷、不断撤出市场时，大盘可能会持续下跌。

行为金融学观点认为，证券市场上的股票价格不仅仅是由资产的内在真实价值决定的，而且也受到市场参与者行为的较大影响，基于投资者心理的情绪择时对投资者的证券市场行为具有重大影响。既然股票价格受市场情绪的影响，那么市场情绪的波动将能够对投资进行指导。情绪择时的策略思路如下：首先，捕捉市场情绪，即寻找到能够反映市场情绪波动的指标，如封闭基金折价率、换手率和成交量等；其次，量化市场情绪，即采用主成分分析法将上述反映市场情绪的指标通过降维的思想合成一个情绪指数，寻找能够有效反映市场情绪的主成分；最后，通过得出的情绪指数来预测市场未来变化趋势，以确定投资的择时策略。

（三）时变夏普比率

夏普比率是威廉·夏普（William Sharpe，1990）提出的用于衡量金融资产中单位风险所能产生的超额收益的指标，其原理就是计算单位风险所产生的超额收益。

用公式可以表示为 $S = \dfrac{E[R - R_{ft}]}{\sigma}$，其中 S 为夏普比率，R 为投资组合的预期收益率，R_{ft} 为无风险利率，σ 为投资组合的标准差。

Whitelaw (1994) 将夏普比率加入时间序列，提出了时变夏普比率（time-varying sharpe ratio，Tsharp），呈现出随时间而改变的特性。Tsharp 值通常与经济周期反方向运动，简单地讲就是当经济运行至高位时，Tsharp 值比较小，反之亦然。将其运用在股市当中，Tsharp 值预测可以作为择时指标指导市场与投资决策。通常来说，Tsharp 值越高，代表市场处于低位，上涨的可能性越大，反之亦然。

（四）牛熊线

正常情况下，股票价格在一定区间内属于一般波动，不具有方向性的特征，而一旦股票价格突破临界值即可视为方向性诞生，转势开始。根据方向的类别可以分别定义牛势值和熊势值。将各牛势值连接起来，则获得一条曲线，称之为牛线（bullish curve），与此类似，可以获得熊线（bearish curve）。如果股票价格向上突破牛线，则可以认为一波大牛市开始；如果股票价格向下突破熊线，则可以认为一波大熊市开始；如果股票价格在牛熊线之间移动，则认为是震荡行情，不具有方向性。

（五）Hurst 指数

分形市场理论预示着股市具有分形结构，而这种结构恰能解释收益率分布呈现的"尖峰胖尾"特征。分形市场是一个既稳定又有活力的市场，整体的有序使得系统稳定，而局部的无序为系统带来活力，但又不影响系统的整体稳定性。所以可以用分形布朗运动来描绘股票分形市场，是对布朗运动模型的推广。Hurst 指数可以用来判断趋势的拐点，将 Hurst 指数和大盘指数对比就可以发现，股市大盘走势具有长期记忆性，这也是 Hurst 指数择时策略的基本出发点。

（六）异常指标

市场上有很多异常信息，当大盘在某个特定的时期就会出现。比如在市场酝酿反弹的时候总有一部分人由于各种可能的原因先知先觉，抢先行动。他们提前知道某些信息并进行交易，从而对市场形成了扰动，如果投资者捕捉到这些异常信息，将可能对大盘的判断具有重要价值。

3.3 实验步骤及示例

本章以市场情绪择时为例，向读者演示操作步骤。

本案例的实证对象为嘉实沪深 300 指数基金，通过选取同业拆借市场利率、沪深 A

股交易资金总量、A股市场上涨家数占比、A股平均市盈率、沪深A股换手率和机构持股占比六个指标作为市场情绪的替代变量,运用主成分分析法对这六个变量进行分析,其中选取第一主成分作为情绪指数的表达式,并以此来反映市场的整体情绪水平。得到情绪指数的数据后,分别计算并绘制情绪指数的五日与十五日均线,即快线与慢线,并对其进行平滑处理。在情绪指数五日均线上穿十五日均线顶部时,视为看涨信号,买入标的股票;在情绪指数五日均线下穿十五日均线时,视为看跌信号,卖出股票平仓。根据上述策略,以沪深300为业绩比较基准,对2015年3月1日至2015年6月30日这段时期的历史数据进行回验。

(一)打开平台

输入用户名和密码,单击"登录"按钮,如图3-1所示。

图3-1 平台登录界面

(二)新建策略

单击策略列表下方的"新建"按钮,进入新建策略对话框,如图3-2所示。在策略名称中输入"sentimentindex",策略类型选择"委托订单",单击"确定"按钮。

(三)策略参数设置

在策略参数设置中将决策频率设置为日频,重平衡周期设置为1,交易延迟设置为1,市场参与度设置为0.5,日期类型选择"交易日",交易时间选择"自定义交易时间",选择沪深300作为业绩比较基准,代码集合选择"期间",绩效报告格式选择"XLS",开始日期设为2015年3月1日,结束日期设为2015年6月30日,设置结果如图3-3所示。

图 3-2　新建情绪指数策略

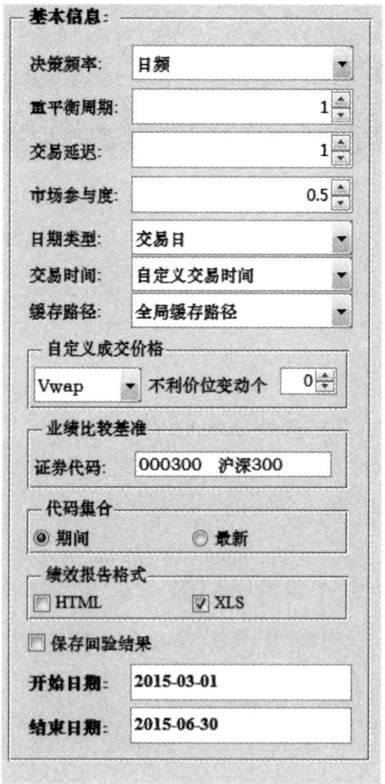

图 3-3　策略参数设置

（四）决策数据设置

单击"决策数据"右边的"编辑"按钮，将数据选择中的量化因子项下的构建情绪指数所需要的市场因子和事件因子全部选入"已选数据池"，单击"保存"按钮，如图3-4所示。

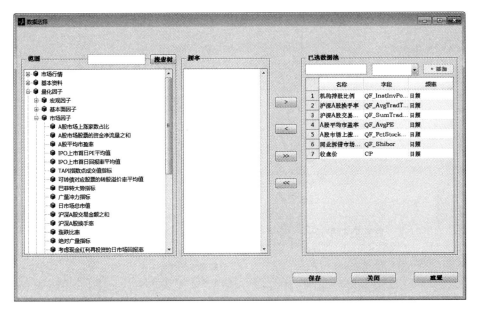

图3-4 决策数据选择

（五）交易标的设置

单击"交易标的"右侧的"编辑"按钮，在已选证券池的界面输入"160706"单击"添加"，将嘉实沪深300指数基金选入证券池，单击"保存"按钮，如图3-5所示。

（六）自定义参数设置

单击自定义板块处的"+"按钮，依次在"名称""值"和"描述"三栏填入5日平均和15日平均的名称、数据和描述，如图3-6所示。

（七）交易账户设置

在"交易账户"右侧单击"+"按钮，在类型处选择"股票"选项。本策略设置股票初始资金2 000 000元，如图3-7所示。

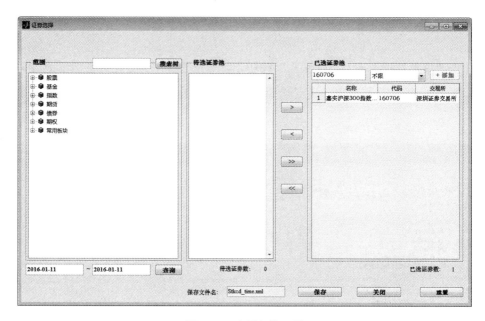

图 3-5 交易标的设置

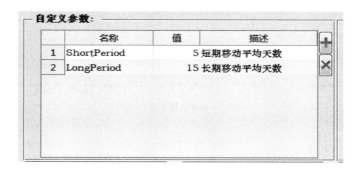

图 3-6 自定义参数设置

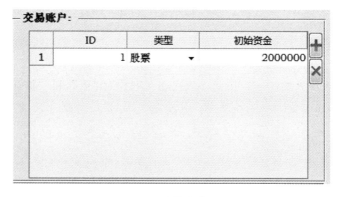

图 3-7 交易账户设置

(八) 费用和保证金设置

选择菜单栏中"设置"选项下的"费用和保证金"选项，在弹出的对话框中，单击"重置"按钮，对费用和保证金进行设置，如图3-8所示。

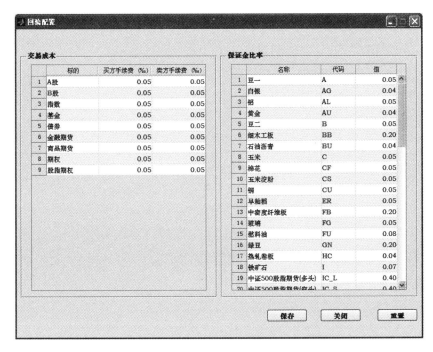

图3-8 费用和保证金设置

(九) 策略函数编辑

单击策略函数右侧的编辑按钮，进行策略编辑，编辑结果如图3-9所示。
策略代码说明如下：

function [newStateMatrix] = sentimentindex (decisionData, stateMatrix)
该策略为风险因子过滤后的情绪指数策略。
输入：decisionData，量化因子数据及所有变量数据；
输出：stateMatrix，委托订单。

1. 对变量进行赋值

```
AvgTradTurnover=decisionData.QF_AvgTradTurnover_DAY01.data;
AvgPE=decisionData.QF_AvgPE_DAY01.data;
PctStockRise=decisionData.QF_PctStockRise_DAY01.data;
SumTradAmount=decisionData.QF_SumTradAmount_DAY01.data;
```

图 3-9 策略函数编辑

```
Shibor=decisionData.QF_Shibor_DAY01.data;
ifprice = decisionData.CP_DAY01.data(decisionData.CP_DAY01.tickerList=
=202000000600,:);
ShortPeriod=decisionData.parameters.ShortPeriod;
LongPeriod=decisionData.parameters.LongPeriod;
```

说明：加载决策数据。

2. 用主成分分析法构建情绪指数

```
A=getDataByTime ( 'QF_AvgTradTurnover', '2015-03-01 09: 30: 00', '2015-06-30 15: 00: 00', {'399300', ExchangeType.SZSE}, TimeIntervals.DAY01 ) ;
B=getDataByTime ( 'QF_AvgPE', '2015-03-01 09: 30: 00', '2015-06-30 15: 00: 00', {'399300', ExchangeType.SZSE}, TimeIntervals.DAY01 ) ;
C=getDataByTime ( 'QF_PctStockRise', '2015-03-01 09: 30: 00', '2015-06-30 15: 00: 00', {'399300', ExchangeType.SZSE}, TimeIntervals.DAY01 ) ;
D=getDataByTime ( 'QF_SumTradAmount', '2015-03-01 09: 30: 00', '2015-06-30 15: 00: 00', {'399300', ExchangeType.SZSE}, TimeIntervals.DAY01 ) ;
E=getDataByTime ( 'QF_Shibor', '2015-03-01 09: 30: 00', '2015-06-30 15: 00: 00', {'399300', ExchangeType.SZSE}, TimeIntervals.DAY01 ) ;
Data=[A; B; C; D; E] ';
```

说明：对构成主成分的六个变量的数据进行提取，并放入命名"Data"的矩阵中。

```
COEFF=princomp ( zscore ( Data ) ) ;
SentimentIndex=COEFF ( 1,1 ) * ( AvgTradTurnover-mean ( A ) ) /std ( A ) +COEFF ( 1,2 ) * ( AvgPE-mean ( B ) ) /std ( B ) -COEFF ( 1,3 ) * ( PctStockRise-mean ( C ) ) /std ( C )...
+COEFF ( 1,4 ) * ( SumTradAmount-mean ( D ) ) /std ( D ) +COEFF ( 1,5 ) * ( Shibor-mean ( E ) ) /std ( E ) ;
```

说明：进行主成分分析并对变量进行标准化。

3. 初始化

```
if isempty ( stateMatrix )
        date=decisionData.time;           % date 记录开仓时间（日内只能交易一次）
        stateMatrix.EMAshort=EmtnIndex ( end ) * ( 2/ ( ShortPeriod+1 ) ) ;
        stateMatrix.EMAlong=EmtnIndex ( end ) * ( 2/ ( LongPeriod+1 ) ) ;
else
        date=stateMatrix.date;
end
```

说明：初始化变量储存数组。

4. 计算移动平均线

```
if date> datenum ( '2015-03-01' )
EMAshort= EmtnIndex ( end ) * ( 2/ ( ShortPeriod + 1 ) ) + stateMatrix.EMAshort *
( ( ShortPeriod-1 ) / ( ShortPeriod+1 ) ) ;
EMAlong = EmtnIndex ( end ) * ( 2/ ( LongPeriod + 1 ) ) + stateMatrix.EMAlong *
```

((LongPeriod-1)/(LongPeriod+1)));
end

说明：参考 EMA 计算方法计算平滑的情绪指数均线。

5. 交易规则的设置

```
if date>datenum('2015-03-01')
if stateMatrix.EMAshort < EMAshort&&stateMatrix.EMAshort < stateMatrix.EMAlong &&EMAshort>EMAlong&&PositionTotal(1)==0
disp([datestr(decisionData.time,'yyyy-mm-dd HH: MM: SS'),': 已符合买入条件且当前空仓，开仓，买入嘉实沪深300LOF.']);
PlaceOrder(double(ExchangeType.SZSE),'160706',double(DirectionType.OP_BUY),1500000,0,0,1);
date=decisionData.time;
```

说明：如果满足"金叉"的条件且没有开仓，则开场买入最接近且小于1500000元的股票。

```
else if stateMatrix.EMAlong > EMAlong&&stateMatrix.EMAshort > stateMatrix.EMAlong&&EMAshort(end) <EMAlong(end) &&PositionTotal(1)==1
positionid=SelectPsnBySymbol('160706',double(ExchangeType.SZSE),1);
ClosePosition(positionid, PositionAvailVolume( ),0);
disp([datestr(decisionData.time,'yyyy- mm- dd HH: MM: SS'),': 已符合卖出条件，且有持仓，全部平仓']);
date=decisionData.time;
end
end
end
```

说明：如果符合"死叉"的条件且当前持有仓位，则立即平仓。

6. 计算移动平均线

```
if date==datenum('2015-03-01')
newStateMatrix.date=date;
newStateMatrix.EMAshort=EmtnIndex(end) * (2/(ShortPeriod+1));
newStateMatrix.EMAlong=EmtnIndex(end) * (2/(LongPeriod+1));
end
```

说明：若当前为交易第一天，没有进行交易，回归到初始化。

```
if date> datenum('2015-03-01')
newStateMatrix.date=date;
newStateMatrix.EMAshort=EMAshort;
newStateMatrix.EMAlong=EMAlong;
end
```

end

说明：若当前不为第一天，完成一次交易后，进行新的循环，赋值入下一轮交易。

（十）策略回验

单击"开始回验"按钮，运行后生成绩效报告，回验过程如图3-10所示。

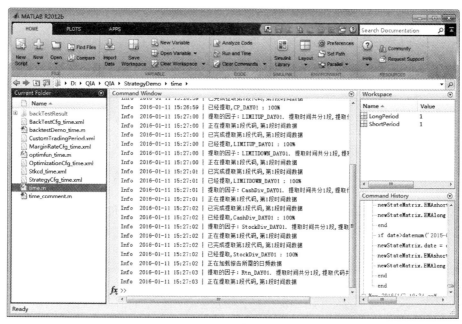

图3-10 策略回验

策略回验完成后，平台自动生成策略绩效报告，封面如图3-11所示。

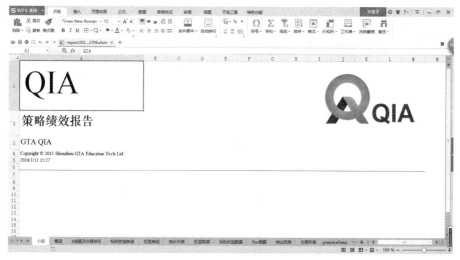

图3-11 绩效报告

策略投资组合对比图，如图 3-12 所示。

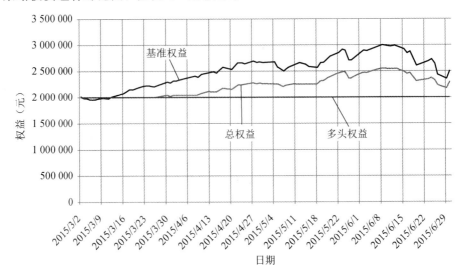

图 3-12 情绪指数收益率与基准收益率的比较

具体的交易细节可以在交易列表中显示，如图 3-13 所示。由该图可知，该策略在 2015 年 3 月 1 日到 2015 年 6 月 30 日期间共进行了 6 笔交易，其中，有 4 笔盈利，2 笔亏损。

开平仓	类型	下单标记	状态	交易代码	交易所	挂单数量	挂单价格(元)	挂单时间	成交量	成交均价	成交时间	未成交量	盈亏(%)	盈亏(元)
开仓	市价	0	成交	160706	SZSE	1 500 000	0.00	15/03/25 00:00:00	2E+06	1.06	15/03/25 00:00:00	0		
平仓	市价	0	成交	160706	SZSE	1 500 000	0.00	15/03/30 00:00:00	2E+06	1.09	15/03/30 00:00:00	0	2.57	40 902.77
开仓	市价	0	成交	160706	SZSE	1 500 000	0.00	15/03/31 00:00:00	2E+06	1.11	15/03/31 00:00:00	0		
平仓	市价	0	成交	160706	SZSE	1 500 000	0.00	15/04/02 00:00:00	2E+06	1.11	15/04/02 00:00:00	0	-0.04	-601.95
开仓	市价	0	成交	160706	SZSE	1 500 000	0.00	15/04/09 00:00:00	2E+06	1.14	15/04/09 00:00:00	0		
平仓	市价	0	成交	160706	SZSE	1 500 000	0.00	15/04/14 00:00:00	2E+06	1.18	15/04/14 00:00:00	0	3.78	64 637.03
开仓	市价	0	成交	160706	SZSE	1 500 000	0.00	15/04/15 00:00:00	2E+06	1.18	15/04/15 00:00:00	0		
平仓	市价	0	成交	160706	SZSE	1 500 000	0.00	15/04/23 00:00:00	2E+06	1.27	15/04/23 00:00:00	0	7.01	124 421.66
开仓	市价	0	成交	160706	SZSE	1 500 000	0.00	15/04/24 00:00:00	2E+06	1.25	15/04/24 00:00:00	0		
平仓	市价	0	成交	160706	SZSE	1 500 000	0.00	15/05/04 00:00:00	2E+06	1.27	15/05/04 00:00:00	0	1.32	24 793.07
开仓	市价	0	成交	160706	SZSE	1 500 000	0.00	15/05/06 00:00:00	2E+06	1.23	15/05/06 00:00:00	0		
平仓	市价	0	成交	160706	SZSE	1 500 000	0.00	15/05/11 00:00:00	2E+06	1.23	15/05/11 00:00:00	0	-0.12	-2 212.54
开仓	市价	0	成交	160706	SZSE	1 500 000	0.00	15/05/18 00:00:00	2E+06	1.22	15/05/18 00:00:00	0		

图 3-13 交易列表

在账户汇总中，我们可以看到总体的收益率与年化收益率，如图 3-14 所示。

从图 3-14 可以看出，通过使用情绪指数策略后，整体账户获益 14.37%，年化收益率达到 49.6%。通过与基准收益率对比可以看出，策略收益率要低于基准收益率，这是因为该策略一方面没有全仓买入标的股票，因此收益率计算时会有所降低，同时在计算情绪指数时只选取了第一主成分，因此情绪指数不能够完全代表整体市场情绪。在以后的策略中应当加以改进，将前二到三个主成分加权平均，使其解释能力加强。但从策略收益率的趋势上来看，与基准收益率趋势相同，起到了预测趋势、指导投资的作用。

概览			
账户汇总			
初始权益(元)	2 000 000	2 000 000	2 000 000
期末权益(元)	2 287 419	2 287 419	2 000 000
累计盈亏(元)	287 419.3	287 419.3	0
累计收益率(%)	14.370 97	14.370 97	0
年化收益率(%)	49.605 44	49.605 44	0
手续费(元)	1 150.59	1 150.59	0
绩效指标			
夏普比率	1.972 912	1.972 912	--
盈利因子	90.515 28	90.515 28	--
索提诺比率	2.505 805	2.505 805	-15.874 5
Omega比率	22.555 92	22.555 92	0
上侧风险	8.459 395	8.459 395	0
信息比率	-1.544 33	-1.544 33	-1.943 25
全部交易			
交易总数	6	6	0
平均盈利(元)	41 990.01	41 990.01	0
平均盈利率(%)	2.421 89	2.421 89	0
连续盈利的次数	3	3	0
连续亏损的次数	1	1	0
最大回撤(元)	376 500	376 500	0
最大回撤比率	14.783 1	14.783 1	0

图 3-14 账户汇总

3.4　实验操作录像

本章实验操作录像请扫描以下二维码观看：

（推荐在WIFI环境下观看）

第4章 统计套利实验模块

4.1 实验目的与要求

通过统计套利实验模块,使学生掌握统计套利的原理和主要思路,熟悉该实验中量化投资平台的操作步骤,理解配对交易 Matlab 代码的含义。

本实验要求如下:

(1) 理解统计套利和一般无风险套利的区别;

(2) 理解配对交易 Matlab 代码的含义,并尝试运行。

4.2 实验基础知识

统计套利是一种基于模型的投资过程,在不依赖于经济含义的情况下,运用数量手段构建资产组合,根据证券价格与数量模型所预测的理论价值进行对比,构建证券投资组合的多头和空头,从而对市场风险进行规避,获取一个稳定的 α 收益。

统计套利是利用证券价格的历史统计规律进行套利,因而是一种风险套利,其风险在于这种历史统计规律在未来一段时间内是否持续存在。统计套利的具体运用包括配对交易、股指套利、融券套利、外汇套利等。

(一) 配对交易

配对交易的主要思路是先找出相关性最好的若干对股票,再找出每对股票的长期均衡关系。当股票对的价差偏离到一定程度时开始建仓:做多被低估的股票,做空被高估的股票,当价差回归均衡时平仓获利。

配对交易在方法上可分为两类:一类是利用股票的收益率序列建模,称为 β 中性策略;另一类是利用股票价格的协整关系建模,称为协整策略。运用协整策略的前提是选取的股票对存在协整关系，在此基础上利用协整回归的残差项构造建仓和平仓阈值，即可制定出量化、可行的交易策略。对于残差，可根据其分布情况运用 GARCH、ARMA、均值回复过程等方法进行预测。

除了利用股票对进行套利外，还可以从成分股的价格信息中提取主成分，利用其中某一成分股与主要趋势的偏离进行套利，即主成分策略；也可以利用板块轮动，把握不同股票和不同行业间波动的轮动性进行套利，即行业轮动策略。

要进行配对交易，需要解决的问题主要有两个：一是如何选取股票对，二是何时建仓平仓。对于第一个问题，在选取股票对时要考虑所选股票在主营业务上是否相近、在股价走势上是否正相关、价差回复均值的速度是否足够快。对于第二个问题，可以采用延后开仓、提前平仓等手段避免损失，当然，这些手段的运用会在降低风险的同时，一定程度上降低配对交易的收益率。

(二) 股指套利

股指套利即利用资本市场上某些股票指数的强相关性进行指数间对冲交易，套取利润的策略。它包括行业指数套利、市场指数套利、洲域指数套利、全球指数套利等。

1. 行业指数套利

以中国为例，很多行业周期具有强相关性，比如工业和材料之间：工业发展离不开材料，当工业增速加快的时候，对材料的需求也会很大。其他类似的行业还有金融—地产、医药—消费等。

例如，"300 工业"与"300 材料"两个指数的比价长期处于 0.8 与 1.05 之间，因此当比价超过 1.05 时，则可以做空工业指数并做多材料指数；当比价恢复到 0.8 以后则平仓，并进行反向操作。这样可以规避系统性风险，并且赚到其中的波动差。

2. 市场指数套利

一家符合条件的公司可以在不同国家或地区的不同市场上市，例如很多内资股在香港上市，我们可以通过寻找恒生指数和内资企业指数之间的相关性进行套利。

例如，恒生指数和中资企业指数的比价总的来说在 4 和 8 之间震荡。如果向上突破 8，则可以做空恒生指数并做多内资企业指数；如果向下突破 4，则可以做多恒生指数并做空内资企业指数。

3. 洲域指数套利和全球指数套利

洲域指数套利和全球指数套利也是同理，利用一个大洲或全球之内联系比较紧密的经济体的股票指数间的相关性进行套利。通过统计模型，做空暂时强势的指数，做多暂时弱势的指数，待二者比价回复均值时再进行平仓获利。

(三) 融券套利

融券是指证券公司出借证券给客户，客户到期返还相同种类和数量的证券并支付利息。在融券套利中，融券的存在使客户可以在希望做空而手中未持有相应标的的情况下，能够借入并卖出。常用的融券套利有股票—融券套利、可转债—融券套利、封闭式基金—融券套利、股指期货—融券套利等。

1. 股票—融券套利

股票—融券套利的一般过程是：首先向证券公司进行融券，并以市价卖出该股票，然后利用卖出股票获得的资金购买该股票的权证，最后在融券到期日按照行权价格买入并归还最初所借用的股票，支付融券利息。

在这一过程中，套利的关键在于市场上存在负溢价权证，即行权成本低于股票市价的权证，通过融券借入股票并以高价卖出，再低价买入相应权证进行对冲套利。这种套利在理论上没有风险，因为权证的负溢价随着到期日的临近必将收敛于0。

例如，某日江铜权证每份4.437元，行权比例为4∶1，即4份权证可以认购1股股票，其行权价格为15.40元，这时的行权成本为33.148元。而该日江西铜业收盘价为37.30元，则江铜权证为负溢价。但未来股价走势难定，因此可进行股票—融券套利。

在融券保证金为50%的情况下，投资者以18.65元的保证金向券商融券一份江西铜业股票，以市价37.30元卖出，用卖出获得的资金购入4份权证，花去17.748元，权证到期时，以15.40元的行权价格归还所借用的股票，该过程获利4.152元。以融券最长时限6个月、年利率8.6%扣除利息后，每股获利2.548 1元，投入成本为18.65元，半年期收益率为13.66%。扣除保证金追加的影响和交易费用，收益率也将超过10%。

2. 可转债—融券套利

可转债—融券套利是指投资者买入可转债，同时融券卖出相应数量的标的股票。当标的可转债的市场价格低于转股价值时，投资者可立即获利，等到可转债进入转股期以后进行转股，将转股获得的标的股票归还，并支付利息即可；若转股期到来之前，标的可转债的市场价格高于转股价值，投资者可提前买入股票归还并支付利息，同时卖出可转债，获得收益。

例如，某日铜陵转债收盘价为201.49元，转股比例为6.377 6，标的股票铜陵有色收盘价为 35.05 元,则此时的转股价值为 223.53 元,大于转债收盘价 201.49 元,存在套利空间。此时投资者以收盘价买入铜陵转债 1 万份,投入资金 201.49 万元,融券卖出铜陵有色 6.37 万股,获得资金 223.27 万元。在铜陵转债进入转股期后,投资者将 1 万份铜陵转债转成铜陵有色股票 6.377 6 万股,在下一个交易日归还融券 6.37 万股,并卖出剩余股份,支付利息。

若在转股期到来之前某日,投资者发现铜陵转债收盘价为 180 元,转股比例为 6.377 6,标的股票铜陵有色收盘价为 28.2 元,则此时的转股价值为 179.85 元,小于转债收盘价 180 元。此时投资者可以选择提前实现套利收益,买入铜陵有色 6.37 万股归还融券,同时卖出所有的铜陵转债。这样,投资者在铜陵转债的交易中亏损 21.49 万元,在融券交易中获得收益 43.63 万元,套利组合可以获得 22.14 万元的收益。

3. 封闭式基金—融券套利

封闭式基金是指经核准的投资组合份额总额在投资组合合同期限内固定不变,投资组合份额可以在依法设立的证券交易场所交易,但投资组合份额持有人不得申请赎回的投资组合。由于封闭式基金不能申请赎回,只能在二级市场上进行买卖,因此,封闭式基金一般会以低于其单位净值的价格进行交易,即折现交易。封闭式基金—融券套利,就是通过买入折价的封闭式基金,同时构建一个与封闭式投资组合完全一样的股票组合,执行融券卖出,实现以折价率为收益率的套利交易。

例如:假设封闭式投资组合的单位净值为 1 元,其折价率为 30%,即每份价格 0.7 元。投资者在二级市场买入封闭式基金 10 万份,花费 7 万元,同时融券卖出与封闭式投资组合一致、价值却为 10 万元的股票。封闭式基金到期后,价格和净值回归一致,也就是说,买入的 10 万份封闭式投资组合价格与融券卖出的一揽子股票的净值达到一致。此时,分别对封闭式投资组合与融券交易进行平仓,不管封闭式投资组合净值如何变化,套利收益均为 3 万元,只要能够覆盖各项利息费用即可获利。

4. 股指期货—融券套利

作为融券业务中的出借方——券商来说,当其向投资者借出证券后,也同样面临着标的股票价格下跌的风险,如果融券利息不足以覆盖股价下跌的损失,那么券商的这笔交易就会发生亏损。

为了降低系统性风险,券商通过做空股指期货来规避所融出证券股价下行的风险,即如果所融出的证券股价下跌,由此产生的损失可以通过做空股指期货的获利得到一定的弥补,进而锁定相对稳定的融券利息收益,通过股指期货的套期保值交易,有效对冲融券交易带来的风险。

(四) 外汇套利

外汇套利有两种不同的思路,分别是利差套利和货币对套利。

1. 利差套利

利差套利是在找不到合适的外汇交易机会时的常用套利手法之一。它是指在一个没有隔夜利息的外汇交易平台和一个有隔夜利息的外汇交易平台进行对冲交易,此时汇率的波动不会造成盈亏,而在有隔夜利息的平台可以赚取利息。由于外汇交易可以使用保证金制度,因此利用杠杆可以赚取数倍的利息。

2. 货币对套利

在经济全球化的今天,很多货币之间存在相关性,因此利用货币对进行对冲交易,可以在降低系统性风险的同时获得相对稳健的收益。

其总体套利思路和股指套利的思路相似。以英镑/欧元为例,由于欧洲经济一体化,英镑和欧元区经济具有非常强的关联性,因此欧元和英镑这两种货币的相关性也非常强。例如,英镑和欧元的比价在1.21和1.31之间震荡。如果向上突破1.31,则可以做多欧元,做空英镑;如果向下突破1.21,则可以做空欧元,做多英镑。

4.3 实验步骤及示例

本实验模块以股票配对交易为例,进行演示操作。

本实验的实证对象为上证180成分股,以2015年1月1日至2015年6月30日为回验周期,通过构造searchPairSecurity函数在其中寻找符合条件的股票对,并对其进行模拟交易,验证股票配对交易策略的获利能力。

(一) 新建策略和参数设置

登录QIA量化投资操作平台后,在QIA主界面单击"策略列表"下方的"新建"按钮,建立策略名称为"pairtrading"的新策略,策略类型为"资金权重",如图4-1所示。

"决策数据"设置为:简单收益率、收盘价,这两个因子将在代码中用到。

本实验中,"交易标的"设置为上证180成分股,这可以在"交易标的"的编辑界面中点击"股票"—"指数成分类"—"上交所指数"—"成分类指数"来找到相应的成分股,如图4-2所示。

图 4-1 新建策略

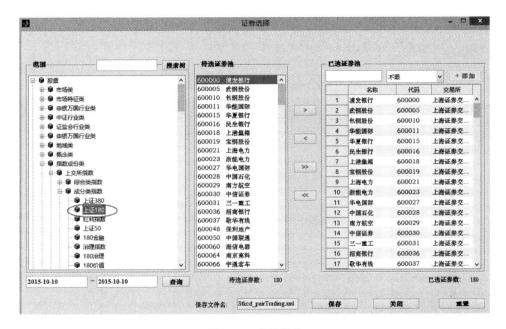

图 4-2 交易标的

本实验中回验时间设置为 2015 年 1 月 1 日至 2015 年 6 月 30 日。其他参数对本实验无影响，可按默认设置，如图 4-3 所示。

设置完毕后单击"保存"按钮。

(二) 策略编写

单击 QIA 主界面上"策略函数"右侧的"编辑"按钮，弹出策略撰写界面，在此界面中输入代码。

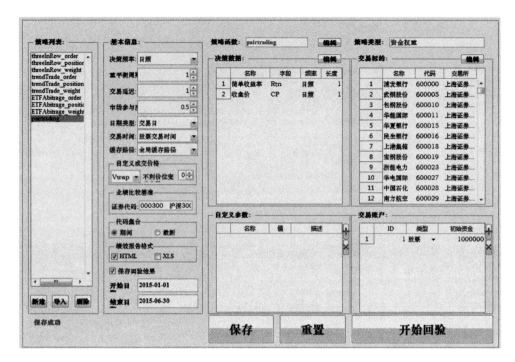

图 4-3 参数设置

1. 初始数据准备

```
function [portfolio, newStateMatrix] = pairtrading ( decisionData, stateMatrix)
corrThreshold=0.85;
stockCP=decisionData.CP_DAY01.data;
stockRtn=decisionData.Rtn_DAY01.data;
stockList=decisionData.tickerList;
```

说明：变量赋值

```
if isempty(stateMatrix)
    portfolio=zeros(length(decisionData.CP_DAY01.tickerList),1);
    index=0;
    emptyDate=0;
    pairSecurity={};
    close=0;
    open=0;
    time=0;
```

说明：初始化 stateMatrix，index 是开仓标记，0 表示还未开仓，1 表示已开仓；empty Date 记录连续空仓的天数，如果空仓的天数超过指定值，则重新筛选配对标的；初始化目标股票对、平仓开仓阈值和持股时间，100 天还未平仓则止损。

```
    else
        portfolio=stateMatrix. portfolio;
        index=stateMatrix. index;
        pairSecurity=stateMatrix. pairSecurity;
        emptyDate=stateMatrix. emptyDate;
        close=stateMatrix. close;
        open=stateMatrix. open;
        time=stateMatrix. time;
    end
```

说明：若 state Matrix 为空，则将其数据写入各个变量。

2. 寻找股票对

```
if isempty(pairSecurity)
pairSecurity=searchPairSecurity(stockCP, stockRtn, stockList, corrThreshold);
    if isempty(pairSecurity)
        newStateMatrix. portfolio=portfolio;
        newStateMatrix. index=index;
        newStateMatrix. emptyDate=emptyDate+1;
        newStateMatrix. pairSecurity=pairSecurity;
        newStateMatrix. close=close;
        newStateMatrix. open=open;
        newStateMatrix. time=time;
        return;
    else
        [~,securityIndex]=ismember([pairSecurity{1,1},pairSecurity{1,2}],
        decisionData.CP_DAY01.tickerList);
    end
else
    [~,securityIndex]=ismember([pairSecurity{1,1},pairSecurity{1,2}],decisionData.CP_DAY01.tickerList);
    if emptyDate>=20
        pairSecurity=searchPairSecurity(stockCP, stockRtn, stockList, corrThreshold);
        if isempty(pairSecurity)
            newStateMatrix. portfolio=portfolio;
            newStateMatrix. index=index;
            newStateMatrix. emptyDate=emptyDate+1;
```

```
                newStateMatrix.pairSecurity=pairSecurity;
                newStateMatrix.close=close;
                newStateMatrix.open=open;
                newStateMatrix.time=time;
                return;
            else
                [~,securityIndex]=ismember([pairSecurity{1,1},pairSecurity{1,
                2}],decisionData.CP_DAY01.tickerList);
            end
        end
end
```

说明：调用 searchPairSecurity 函数，寻找配对标的股票。若目前没有目标股票对则进行寻找，找到后记录并等待买入时机，若未找到则空仓天数加 1；若目前存在目标股票对，但 20 天未找到买入时机，则重新寻找股票对。

3. 阈值计算

```
stockRtn_Pair=decisionData.Rtn_DAY01.data(securityIndex,:);
stockList_Pair=decisionData.tickerList(:,securityIndex);
stockCP_Pair=decisionData.CP_DAY01.data(securityIndex,end);
stockID_Pair=getTradingCodeByOrgid(stockList_Pair);
first=stockRtn_Pair(1,:);
second=stockRtn_Pair(2,:);
mspread=first-second-mean(first-second);
mspread_sort=sort(mspread);
openSmall=mspread_sort(10);
openBig=mspread_sort(90);
closeTh=mspread_sort(50);
```

说明：若有股票对，则会利用均值回复计算阈值；若无股票对，则会跳出。

4. 交易规则

```
if index==0
    if mspread(end) < openSmall
        disp(['日期：',datestr(decisionData.time,'yyyy-mm-dd'),'开仓。','价
            位：',num2str(stockCP_Pair(1)),',买入：',char(stockID_Pair(1,
            1)),';价位：',num2str(stockCP_Pair(2)),',卖出：',char(stockID_
            Pair(2,1))]);
        portfolio(securityIndex(2),1) =-0.2;
        portfolio(securityIndex(1),1) =0.2;
```

```
            index=-0.5;
            emptyDate=0;
            close=closeTh;
            open=openSmall;
            time=decisionData.time;
        elseif mspread(end)>openBig
            disp(['日期: ',datestr(decisionData.time,'yyyy-mm-dd'),'开仓。','价
            位: ',num2str(stockCP_Pair(1)),',卖出: ',char(stockID_Pair(1,
            1)),';价位: ',num2str(stockCP_Pair(2)),',买入: ',char(stockID_
            Pair(2,1))]);
            portfolio(securityIndex(2),1)=0.2;
            portfolio(securityIndex(1),1)=-0.2;
            index=0.5;
            emptyDate=0;
            close=closeTh;
            open=openBig;
            time=decisionData.time;
        else
            emptyDate=emptyDate+1;
            close=0;
            open=0;
            time=0;
        end
```

说明：当前空仓时，若价差超过开仓阈值，则进行配对交易。

```
else
    if (index==0.5) && (mspread(end) < open)
        disp(['日期: ',datestr(decisionData.time,'yyyy-mm-dd'),'加仓。',
        '价位: ',num2str(stockCP_Pair(1)),',加仓: ',char(stockID_Pair
        (1,1)),';价位: ',num2str(stockCP_Pair(2)),',加仓: ',char
        (stockID_Pair(2,1))]);
        portfolio(securityIndex(2),1)=0.5;
        portfolio(securityIndex(1),1)=-0.5;
        index    =1;
    elseif (index==-0.5) && (mspread(end) >open)
        disp(['日期: ',datestr(decisionData.time,'yyyy-mm-dd'),'加仓。',
        '价位: ',num2str(stockCP_Pair(1)),',加仓: ',char(stockID_Pair
        (1,1)),';价位: ',num2str(stockCP_Pair(2)),',加仓: ',char
        (stockID_Pair(2,1))]);
        portfolio(securityIndex(2),1)=-0.5;
```

```
            portfolio(securityIndex(1),1)=0.5;
            index=-1;
```
说明：当前持仓时，若价差持续拉大，则加仓。
```
        elseif (index==1|| index==0.5) && (mspread(end) < close)    %平仓
            disp(['日期:',datestr(decisionData.time,'yyyy-mm-dd'),'平仓。','价
                位:',num2str(stockCP_Pair(1)),',平仓:',char(stockID_Pair(1,
                1)),';价位:',num2str(stockCP_Pair(2)),',平仓:',char(stockID_
                Pair(2,1))]);
            portfolio(securityIndex(2),1)=0;
            portfolio(securityIndex(1),1)=0;
            index    =0;
            emptyDate=0;
            pairSecurity={};
            close=0;
            time=0;
        elseif (index==-1|| index==-0.5) && (mspread(end) >close)
            disp(['日期:',datestr(decisionData.time,'yyyy-mm-dd'),'平仓。',
                '价位:',num2str(stockCP_Pair(1)),',平仓:',char(stockID_Pair
                (1,1)),';价位:',num2str(stockCP_Pair(2)),',平仓:',char
                (stockID_Pair(2,1))]);
            portfolio(securityIndex(2),1) =0;
            portfolio(securityIndex(1),1) =0;
            index=0;
            emptyDate=0;
            close=0;
            pairSecurity={};
            time=0;
        elseif decisionData.time-time >100
            disp(['日期:',datestr(decisionData.time,'yyyy-mm-dd'),'止损。','价
                位:',num2str(stockCP_Pair(1)),',平仓:',char(stockID_Pair(1,
                1)),';价位:',num2str(stockCP_Pair(2)),',平仓:',char(stockID_
                Pair(2,1))]);
            portfolio(securityIndex(2),1) =0;
            portfolio(securityIndex(1),1) =0;
            index=0;
            emptyDate=0;
            pairSecurity={};
            close=0;
            time=0;
```

```
        end
end
```
说明：当前持仓时，若价差小于平仓阈值，则平仓。
```
newStateMatrix.portfolio=portfolio;
newStateMatrix.index=index;
newStateMatrix.pairSecurity=pairSecurity;
newStateMatrix.emptyDate=emptyDate;
newStateMatrix.close=close;
newStateMatrix.open=open;
newStateMatrix.time=time;
end
```
说明：将交易结果赋值到新的 state Matrix。

5. 寻找股票对的函数构建

```
function finalPair = searchPairSecurity ( stockCP, stockRtn, stockList, corrThreshold )
    disp ( '正在寻找配对标的......' );
    corrPair={};
    finalPair_temp={};
    finalPair={};
```
说明：corrPair 储存相关系数满足阈值的股票对，finalPair_temp 储存相关系数满足阈值且协整的股票对，finalPair 用于输出满足相关系数和协整要求且相关系数最大的股票对。
```
    k=1;
    finalNum=1;
    rhoMat=tril ( corr ( stockRtn') );
    [row, col] =find ( rhoMat>=corrThreshold & rhoMat < 1 );
    if isempty ( row )
        return;
    end
    for i=1: length ( row )
        corrPair {k, 1} =stockList ( row ( i ) );
        corrPair {k, 2} =stockList ( col ( i ) );
        corrPair {k, 3} =rhoMat ( row ( i ), col ( i ) );
        corrPair {k, 4} =row ( i );
        corrPair {k, 5} =col ( i );
        k=k+ 1;
    end
```
说明：寻找相关系数达到设定值 0.85 的股票对。

```
for m=1: size ( corrPair, 1 )
    if stockCP ( corrPair {m, 4}, 1 ) < stockCP ( corrPair {m, 5}, 1 )
        t1=corrPair {m, 1};
        corrPair{m,1}=corrPair{m,2};
        corrPair{m,2}=t1;
        t2=corrPair{m,4};
        corrPair{m,4}=corrPair{m,5};
        corrPair{m,5}=t2;
    end
    warning off
    [h_cp,~,~,~,~,~]=egcitest ( log ( stockCP ( [corrPair{m,4},corrPair{m,5}],:)')) ;
    if h_cp==1
        finalPair_temp{finalNum,1}=corrPair{m,1};
        finalPair_temp{finalNum,2}=corrPair{m,2};
        finalPair_temp{finalNum,3}=corrPair{m,3};
        finalNum=finalNum+1;
    end
end
```

说明：利用满足相关系数要求的股票对，对其对数价格序列进行 Engle-Granger 协整检验，输出其中协整为1的股票对。

```
    if size ( finalPair_temp,1 ) ~=~1 && isempty ( finalPair_temp )
        [~, r] =max ( cell2mat ( finalPair_temp (:, 3) ) );
        finalPair {1, 1} =finalPair_temp {r, 1};
        finalPair {1, 2} =finalPair_temp {r, 2};
        finalPair {1, 3} =finalPair_temp {r, 3};
    elseif size ( finalPair_temp, 1 ) ==1
        finalPair {1, 1} =finalPair_temp {1, 1};
        finalPair {1, 2} =finalPair_temp {1, 2};
        finalPair {1, 3} =finalPair_temp {1, 3};
    end
end
```

说明：做最后的输出选择，只输出协整且相关系数最大的股票对。

（三）策略回验

策略代码输入完成并保存后，回到 QIA 主界面，单击"开始回验"按钮，即可开始回验进程，如图 4-4 所示。

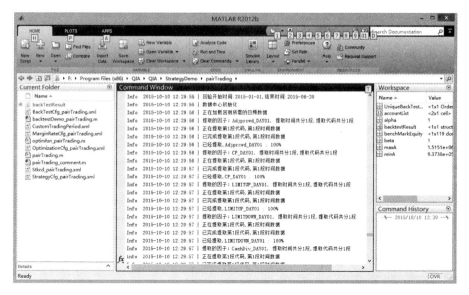

图 4-4　回验进程开始

（四）绩效报告

回验结束后会弹出绩效报告窗口，如图 4-5 所示。

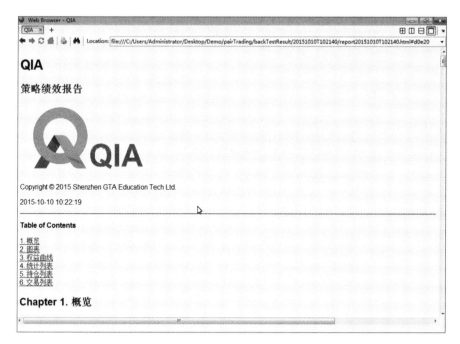

图 4-5　策略绩效报告

第一部分为概览，写明了策略的基本信息，如图 4-6 所示。

Chapter 1. 概览

策略名称	pairTrading
策略类型	weight
策略参数	[]
策略调用频率	1×DAY01
策略所用数据	Rtn,DAY01// CP,DAY01//
成交价格	Vwap, 0 个最小价位
无风险利率	2.5014%
回测开始时间	2015-01-01
回测结束时间	2015-06-30

交易代码	交易所	合约保证金	合约乘数	买方手续费(‰)	卖方手续费(‰)
600000	上海证券交易所	1	1	0.05	0.05
600005	上海证券交易所	1	1	0.05	0.05
600010	上海证券交易所	1	1	0.05	0.05
600011	上海证券交易所	1	1	0.05	0.05
600015	上海证券交易所	1	1	0.05	0.05
600016	上海证券交易所	1	1	0.05	0.05
600018	上海证券交易所	1	1	0.05	0.05

图 4-6 概览

第二部分列出了前十只股票的收益率曲线，如图 4-7 所示。

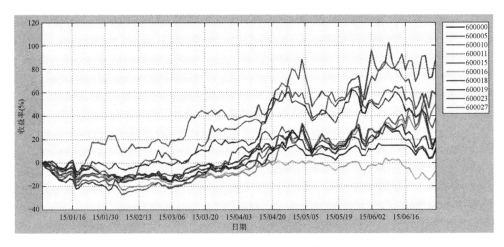

图 4-7 标的收益率曲线

第三部分为权益曲线，如图 4-8 所示，图中四条曲线分别代表总权益、多头权益、空头权益和基准权益（策略回验同期以等量资金购买沪深 300 指数的权益）的变动情况。

由于本策略为套利策略，其总权益趋势比较平缓，但相对地，也不会有太大的风险。

第四部分的统计列表展示了期初期末权益、累计盈亏、收益率等数据，如图 4-9 所示。其中所有交易累计盈利 65 955.45 元，可见本次实验是成功的。

第五部分为持仓列表，展示了回验期结束后还未平仓的股票市值和浮动盈亏。第六部分为交易列表，展示了回验期间的每一笔交易情况。如图 4-10 所示。

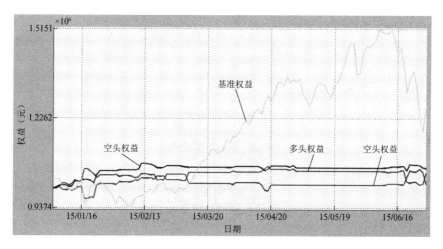

图 4-8 权益曲线

Chapter 4. 统计列表

账户汇总	所有交易	多头交易	空头交易
概要			
初始权益(元)	1 000 000.00	1 000 000.00	1 000 000.00
期末权益(元)	1 065 955.45	1 051 338.43	1 014 617.02
累计盈亏(元)	65 955.45	51 338.43	14 617.02
累计收益率(%)	6.60	5.13	1.46
年化收益率(%)	14.48	11.18	3.12
手续费(元)	1248.95	651.81	597.14

图 4-9 统计列表

Chapter 5. 持仓列表

账户汇总

交易代码	交易所代码	多头持仓	空头持仓	浮动盈亏(元)
601939	SSE	0	73 401.00	-39 893.54
601988	SSE	106 446.00	0	28 787.73

账户1

交易代码	交易所代码	多头持仓	空头持仓	浮动盈亏(元)
601939	SSE	0	73 401.00	-39 893.54
601988	SSE	106 446.00	0	28 787.73

Chapter 6. 交易列表

订单编号	账户	方向	开平仓	类型	下单标价	状态标记	交易代码	交易所	挂单数量	挂单价格	挂单时间	成交量	成交均价	成交时间	未成交量	盈亏(%)	盈亏(元)
1011000001	A1	买	开仓	市价		成交	601628	SSE	6 100.00	0	2015/01/06	6100.00	32.41	2015/01/06	0		
1011000002	A1	卖	开仓	市价		成交	601601	SSE	6 300.00	0	2015/01/06	6300.00	31.66	2015/01/06	0		
1011000003	A1	买	开仓	市价		成交	601628	SSE	6 900.00	0	2015/01/07	7900.00	33.12	2015/01/07	0		

图 4-10 持仓列表和交易列表

4.4 实验操作录像

本章实验操作录像请扫描以下二维码观看：

（推荐在 WIFI 环境下观看）

第5章 ETF套利实验模块

5.1 实验目的与要求

本章通过对ETF进行期现套利的策略模拟,让读者认识量化投资操作的基本界面,了解ETF套利的基本操作方法以及熟悉ETF套利的简单操作流程,从而对追踪股指期货套利有一个较为全面和直观的认识。

该实验要求如下:
(1) 掌握ETF套利的基本方法;
(2) 能够熟练使用Matlab软件进行代码编程。

5.2 实验基础知识

(一) ETF套利的基本概念

ETF是指交易型开放式指数基金(exchange traded funds),是一种跟踪指标的指数变化,且在证券交易所上市交易的基金。投资人可以像买卖股票那样去买卖跟踪标的指数的ETF,并使其可以获得与该指数基本相同的报酬率。ETF通常由基金公司管理,基金资产为一篮子股票组合,组合中的股票种类与某一特定指数(如上证50指数)包含的成分股票相同,股票数量比例与该指数的成分股构成比例一致。ETF具有以下三种基金的优势:封闭式基金的交易灵活性和高流动性;开放式基金的申购/赎回消除折溢价;指数基金的收益稳定性和操作透明性。

ETF申购和赎回可以分为"现金申购/赎回"和"实物申购/赎回"两种。由于ETF同时在两个市场上交易,它具有实际交易价格和资产净值双重属性。这两者按道理来说应该是相等的,但在实际交易过程中,由于供求关系等因素,两者有可能会出现较大偏差，投资者可以买入便宜的一方，等待两者靠拢，赚取中间的差价，实现 ETF 套利。ETF 都对应于一个指数样本股所组成的一篮子股票。以上证 50ETF 为例，上证 50ETF 根据上证 50 指数的构成所建立的投资组合，套利所规定的最低买卖计量单位为 100 万份上证 50ETF，分别对应 50 只股票。申购就是用这个一篮子股票组合向基金公司交换得到 100 万份上证 50ETF，赎回就是拿 100 万份上证 50ETF 向基金公司交换得到一篮子股票组合。由一篮子股票组合得到的实时市值，除以 100 万就得到上证 50ETF 的实时净值；而上证 50ETF 作为一个交易所交易的品种，最新成交价即为实时市值。

（二）ETF 套利的原理

1. 套利的本质是利用 ETF 市价与净值的差异来套利

ETF 套利原理来源于一价原则，即同一个金融产品虽然在两个不同的市场上进行交易，但其价格应该相等。ETF 既可以在一级市场上进行申购和赎回，又可以在二级市场上进行买卖交易，这样同一个产品具有两种价格：①一级市场上的申购/赎回价格（ETF 净值）；②二级市场上的市场价格（ETF 市价）。根据一价原则，ETF 这一个产品在两个市场中的价格应该相等。但在实际交易中，ETF 净值与其在二级市场上的价格（ETF 市价）往往并不一致，ETF 市价会高于或者低于其净值（存在溢折价），这就给 ETF 投资者在一级和二级市场套利提供了机会。

若 ETF 出现溢价情形，我们可以通过买入 ETF 成分股，申购 ETF，再在二级市场上卖出 ETF，即可获利；若 ETF 出现折价情形，我们可以通过在二级市场上买入 ETF，再赎回成一篮子股票，然后卖出这一篮子股票，以此获利。

2. ETF 市价与净值差异产生的原因

ETF 市价与净值差异产生的根本原因在于 ETF 交易市场的供求关系与一篮子股票的供求关系不对等，也就是投资者在 50 指数成分股和 ETF 之间的取舍偏好不同。

此外，成分股重大事件停牌等因素的影响，也会导致其市价与净值产生较大偏差。由于成分股停牌，资产净值还是以停牌前的价格计算，但由于有重大事件，复牌后的预期价格肯定有较大变化，因此会在正在交易的 ETF 产品中有所体现，导致了市价与净值之间的较大差异。

（三）ETF 套利的模式与方法

1. 套利模式

成本决定套利区间。

模式一：溢价买入投资组合，赎回；卖出一篮子股票。

模式二：折价买入一篮子股票，申购投资组合，场内卖出。

溢价套利：假设投资者初始资金为 Y。买入投资组合份额：$Y/[场内价格×(1+0.25\%)]$，一篮子股票变现价值：$Y/[场内价格×(1+0.25\%)]×场外价格×(1-0.5\%)×(1-0.4\%)$。套利后价值与原始资金比值大于1，场外价格/场内价格≥1.0116。场外价格误差0.1%，变现溢价0.3%。1.0116+0.001+0.3%-1=1.56%。

折价套利：场内价格/场外价格≥1.0116。

2. 套利方法

瞬间套利：同时买卖 ETF 和股票。

延时套利：$T+0$ 非同步买卖。

（四）ETF 事件套利策略

股票型 ETF 的标的指数旨在跟踪一篮子股票的整体走势，其每日公布的 PCF 清单（申赎清单）会包含指数全部或部分成分股，而与这些成分股相关的公司事件便有可能给投资者带来套利机会。

公司事件主要包括重大事件公告，如增发、配股、并购和早年的股改等。公司事件套利主要针对停牌股，即在成分股因公告、股改、增发等事项而导致的停牌期间，投资者预估其价格复牌后会有大幅涨跌的可能。在 ETF 二级市场价格充分反映其复牌后的价格预期之前，投资者进行溢价（申购方向）或者折价（赎回方向）套利操作，获取套利收益。

事件套利分为折价套利和溢价套利两种模式。折价套利预估成分股复牌后会有较大幅度上涨，通过 ETF 折价套利买入停牌股。投资者首先在二级市场上买入 ETF 份额，申请赎回，得到一篮子股票组合后，按照市价将除停牌股之外的其他股票卖出，留下停牌股。溢价套利预估成分股复牌后会有较大幅度的下跌，通过 ETF 溢价套利卖空停牌股。投资者在二级市场上买入除停牌股之外的其他股票，利用现金替代方式将上述股票组合连同停牌股现金申购 ETF 份额，然后在二级市场上卖出 ETF。

事件套利的收益基本取决于停牌成分股的个股基本面因素，而与大盘涨跌并无直接联系。公司事件套利成功与否主要取决于 ETF 管理人对于停牌股票的标志处理方式，在必须现金替代模式下该套利策略不具备可操作性。

现金替代是指申购、赎回过程中，投资人按照基金合同和招募说明书的规定，用于替代组合证券中部分证券的一定数量的现金。

现金替代分为三种类型：禁止现金替代、允许现金替代和必须现金替代。禁止现金替代是指，在申购或赎回基金份额时，该成分证券都不允许使用现金作为替代。一般是在 ETF 基金上市初期，基金管理人为了更好地跟踪标的指数，认为需要禁止现金替代的部分证券。允许现金替代是指，在申购基金份额时，允许使用现金作为全部或部分该成分证券的替代，但在赎回基金份额时，该成分证券不允许使用现金作为替代，一般是由于停牌等原因导致投资人无法在申购时买入的证券。必须现金替代是指，在申购或赎回基金份额时，该成分证券都必须使用现金作为替代。必须现金替代的证券一般是由于标的指数调整，即将被剔除的成分证券；或者是政策规定基金管理人不能买卖的成分证券。

停牌股看多套利举例

2008 年 10 月，长安汽车停牌，直至 2009 年 2 月 16 日股票复牌。停牌期间深证 100 指数涨幅接近 30%，汽车板块因行业利好出现较大涨幅。假设 ETF 篮子清单中对该股的标志设置为"允许现金替代"。套利投资者可以通过二级市场买入深证 100ETF 份额，并以一级市场赎回的方式，按停牌前的价格 3.67 元获得长安汽车的股票。在该时点，深证 100ETF 每个篮子单位包括 2200 股长安汽车股票，长安汽车复牌后出现 7 个连续涨停，单个篮子盈利约为 7656 元。

停牌股看空套利举例

2008 年 5 月 8 日，长江电力因整体上市开始停牌，此后沪深股市大幅下挫，上证综指从当时的 3579 点一路暴跌至最近的 2000 点左右，跌幅近 50%。对于手中持有长江电力股票的投资者，可以通过准备其他 49 只股票，连同长江电力股票提交上证 50ETF 的申购申请，然后在二级市场将 ETF 份额以平价或溢价卖出，成功实现减持。对于手中没有长江电力股票的投资者，可以通过准备 49 只股票以及长江电力股票的现金替代申购上证 50ETF，然后在二级市场将 ETF 份额以平价或溢价卖出。由于上证 50ETF 对现金替代是 T+2 日结算，那么投资者将以长江电力两个跌停后的价格购买其股票。而基金管理人还需退还给投资者股票申报价和结算价之间的差额。不考虑交易成本和 ETF 的二级市场折溢价，这个差额相当于全部的套利收入。

(五) ETF 套利的风险

尽管 ETF 套利业务存在发掘多种盈利机会的能力，但由于其整个过程涉及多只股票、多个环节等不确定因素，因此在实战中也存在一些风险，需要认真把握。

1. 方向性风险

对于一些方向性的操作，如果预期与实际走势正好相反，则必然存在亏损，因此对于方向性的操作，建议是在把握比较大的情况下进行交易。

2. 延时风险

由于部分个股的流动性比较差，会带来操作上的延时风险。建议对 ETF 及一篮子股票跟踪研究，了解其流动性，同时选择比较活跃的 ETF 品种作为交易对象。

3. 冲击成本

由于部分 ETF 交易的活跃度不够，而套利交易至少要进行一个申赎单位的 ETF 买卖操作，会对市场价格造成冲击，并影响套利的收益。

4. 持仓风险

对于 ETF 的套利操作，应该尽可能避免被动持仓的情况。对于由于某些原因而被动的持仓，应该尽可能在第一时间卖出，不要企图获得额外的收益。

5.3 实验步骤及示例

本章以 ETF 期限套利为例，向读者演示操作步骤。

本案例的实证对象为嘉实沪深 300 交易型开放式指数证券投资基金（159919）和沪深主力（IFM01），通过设定开仓阈值 15 和平仓阈值 5 来确定策略交易规则。当嘉实沪深 300 和沪深主力的价差大于开仓阈值且仓位中没有股票与期货时，做空股指期货，做多 ETF；当二者价差小于开仓阈值相反数且仓位中没有股票和期货时，做空 ETF，做多股指期货；当二者价差小于平仓阈值或大于平仓阈值相反数时平仓，清空所持全部仓位。实验以沪深 300 指数为业绩比较基准，对实证对象 2015 年 3 月 4 日至 2015 年 3 月 8 日这段时间历史数据的回验。

（一）打开平台

点击 QIA 平台的可执行程序图标，进入 QIA 平台登录界面，如图 5-1 所示。

图 5-1 平台登录界面

(二) 新建策略

进入 QIA 量化投资平台策略配置初始界面,用户可在本界面进行操作,完成策略相关基本信息的配置。

单击图 5-2 策略配置初始界面左下角的"新建"图标,即可弹出如图 5-3 所示的对话框。用户可以根据需要在此对话框中完成策略命名、选择策略类型以及设置策略储存路径(推荐储存至默认路径)。本策略命名为 ETFabitrage;QIA 平台提供三种可选策略类型,本策略类型选择"资金权重";储存路径为 QIA 默认的策略储存路径。

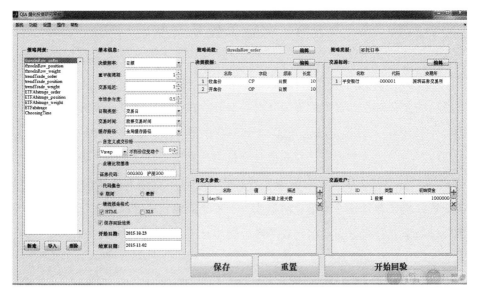

图 5-2 策略配置初始界面

图 5-3 新建策略

（三）策略参数设置

在策略参数设置中将决策频率设为 15 分钟[①]；重平衡周期设置为 1，交易延迟设置为 1；日期类型设置为"交易日"，交易时间设置为"股票交易时间"，业绩比较基准设置为沪深 300；绩效报告格式设置为 HTML；回验开始日期设置为 2013 年 3 月 4 日，回验结束日期设置为 2013 年 3 月 8 日。其余均保留系统默认设置。设置结果如图 5-4 所示。

（四）决策数据选择和自定义参数设置

决策数据为收盘价，决策数据获取频率为 15 分钟（推荐与基本信息中的决策频率一致），决策窗口长度为 1。

自定义两个参数：开仓阈值 openPosition 为 15，平仓阈值 closePositon 为 5。（参数的含义为股指期货与 ETF 的价差大于开仓阈值或小于开仓阈值的相反数时开仓，大于开仓阈值时做空股指

图 5-4 策略参数设置

---

① 之所以将决策频率设为 15 分钟，是因为用于演示的 PC 机内存较小，不足以支撑更高频交易数据的获取及处理，有条件的用户可以适当提高决策频率，可能使回验结果更加理想。

期货做多 ETF，小于开仓阈值时做空 ETF、做多股指期货；二者价差小于平仓阈值或大于平仓阈值相反数时平仓，清空所持全部仓位。）设置结果如图 5-5 所示。

（五）交易标的及交易账户设置

交易标的为嘉实沪深 300 交易型开放式指数证券投资基金（159919）和沪深主力（IFM01）；交易账户有两个：账户 1 的类型为股票，初始资金为 200 万元，对应嘉实沪深 300ETF（注：ETF 二级市场的交易规则与股票基本一致，因此 QIA 平台并未提供 ETF 类型的交易账户选项，选择"股票"即可）；账户 2 的类型为期货，初始资金同样为 200 万元，对应沪深 300 股指期货，如图 5-6 所示。

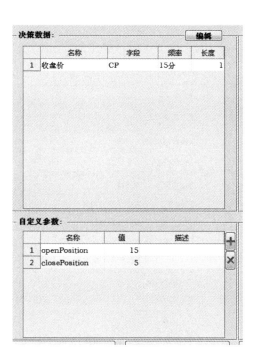

图 5-5　决策数据选择和自定义参数设置

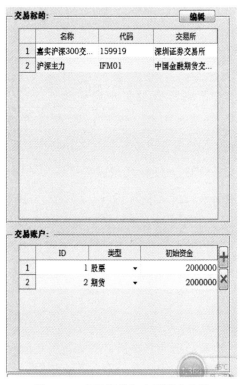

图 5-6　交易标的和交易账户设置

（六）费用和保证金设置

单击图 5-7 所示界面左上角标题栏中的"设置"按钮修改各交易标的的手续费及保证金比率，将沪深 300 股指期货的保证金比率由系统默认的 0.4 修改为 0.12，其余保留默认值。

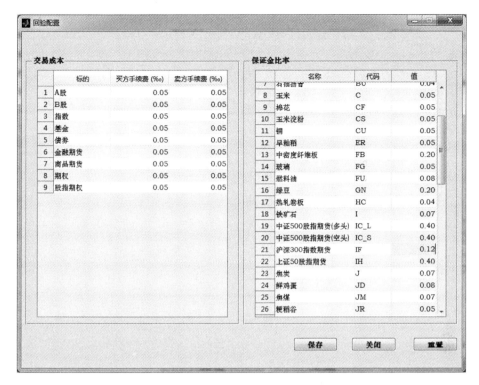

图 5-7 费用和保证金设置

(八)策略函数编辑

单击 QIA 主界面上"策略函数"右侧的"编辑"按钮,弹出策略编辑界面,在此界面中输入策略代码,编辑结果如图 5-8 所示。

策略代码说明如下:

function [portfolio, newStateMatrix] = ETFabrstrite (decisionData, stateMatrix)

说明:该策略为风险因子过滤后的情绪指数策略。

输入:decisionData,沪深 300ETF(嘉实沪深 300ETF)和股指期货的秒频收盘价数据;

输出:portfolio,资金目标权重。

1. 初始化

```
ifPrice = decisionData.CP_MIN15.data ( decisionData.CP_MIN15.tickerList =
=299000000193,:);
    indexPrice=decisionData.CP_MIN15.data ( decisionData.CP_MIN15.tickerList=
    =202000000548,:);
```

图 5-8 策略函数编辑

logic_new=getCurrentContinousContract(datestr(fix(decisionData.time)),
{'IFGTA01',ExchangeType.CFFEX},0);

openPosition=decisionData.parameters.openPosition;

closePosition=decisionData.parameters.closePosition;

说明：将决策数据赋值给变量，并自定义开平仓阈值。

if isempty(stateMatrix)

    logic=logic_new;

    portfolio=[0; 0];

else

    logic=stateMatrix.logic;

    portfolio=stateMatrix.portfolio;

end

说明：状态矩阵初始化。

spread=indexPrice-ifPrice*1000;

说明：计算价差。

2. 交易规则设置

```
if PositionTotal(2)==1 && PositionTotal(1)==0 && SelectPsnBySymbol
(logic{1},double(ExchangeType.CFFEX),2)
    SelectPsnBySymbol(logic{1},double(ExchangeType.CFFEX),2);
    if-openPosition<PositionAvgPrice()-ifPrice*1000<openPosition
        portfolio=[0;0];
    end
elseif PositionTotal(1)==1 && PositionTotal(2)==0 && SelectPsnBySymbol('159919',double(ExchangeType.SZSE),1)
    SelectPsnBySymbol('159919',double(ExchangeType.SZSE),1);
    if-openPosition<indexPrice-PositionAvgPrice()*1000<openPosition
        portfolio=[0;0];
    end
```

说明：处理单边成交的异常情况，及时清空交易对变量 portfolio。

```
elseif (spread(end)>openPosition) && PositionTotal(1)+PositionTotal
(2)==0
    portfolio=[fix(1*8.33*ifPrice*0.12*300/indexPrice/100)*100*indexPrice/
    AccountEquity(1);-1*ifPrice*300*0.12/AccountEquity(2)*8.33];
elseif (spread<-openPosition) && PositionTotal(1)+PositionTotal(2)==0
    portfolio=[-fix(1*8.33*ifPrice*0.12*300/indexPrice/100)*100*index-
    Price/AccountEquity(1);1*ifPrice*300*0.12/AccountEquity(2)*8.33];
    elseif spread(end)<closePosition &&spread(end)>-closePosition&&
    PositionTotal(1)+PositionTotal(2)==2
        portfolio=[0;0];
end
```

说明：当价差大于开仓阈值或小于开仓阈值的相反数时，进行套利交易，仓位确定规则为：ETF，x；IF，y；方程一：$x+y=1$；方程二：$x=y*8.33$；求解得：$y=1/9.33$，$x=1-1/9.33$；当价差小于平仓阈值或大于平仓阈值的相反数时，平仓。

3. 交易情况记录

```
newStateMatrix.logic=logic_new;
newStateMatrix.portfolio=portfolio;
```

end

说明：将交易情况赋值给状态矩阵。

（十）策略回验

策略代码输入完成并保存后，回到 QIA 主界面，单击右下角的"开始回验"按钮，QIA 平台系统会根据用户设置的策略信息及撰写的策略代码进行回验，如图 5-9 所示。回验成功后，系统会自动生成一份业绩报告（先前已经介绍过，本策略的业绩报告以 HTML 的格式生成）；若回验不成功，就无法生成业绩报告，Matlab 软件会给出相应的错误信息。错误产生的原因可能是用户策略本身设计思路存在问题、代码撰写存在问题或其他一些细节问题，用户可根据错误信息对策略重新检查和修改，直至回验成功，生成业绩报告。

图 5-9 策略回验

一个成功的量化投资策略首先要经历历史数据的反复检验，通过历史数据检验表明能够得到显著、稳定的正收益后，才能在实战中继续检验。因此，回验并对业绩报告进行分析是打造一个成功的量化投资策略的关键环节。

绩效报告的第一部分写明了策略的一些基本信息（如图 5-10 所示），这些信息在之前策略信息配置时都已涉及，此处不再赘述。

Chapter 1. 概览

策略名称	ETFAbitrage_weight			
策略类型	weight			
策略参数	openPosition=15//closePosition=5//			
策略调用频率	1×MIN15			
策略所用数据	CP,MIN01//			
成交价格	Vwap,0个最小价位			
无风险利率	3%			
回测开始时间	2013-03-04			
回测结束时间	2013-03-08			

交易代码	交易所	合约保证金	合约乘数	买方手续费(‰)	卖方手续费(‰)
159919	深圳证券交易所	1	1	0.05	0.05
IFM01	中国金融期货交易所	0.12	300	0.05	0.05

图 5-10　业绩报告概览

业绩报告的第二部分是用户所选交易标的在回测区间内的收益率曲线（如图 5-11 所示），黑色线表示嘉实沪深 300ETF（159919）的收益率曲线，灰色线表示沪深 300 股指期货（IFM01）的收益率曲线。从该图中可以看出，在 2013 年 3 月 5 日当天，两个标的证券间存在着比较明显的价差，沪深 300 股指期货的价格要高于嘉实沪深 300ETF 的价格，表明市场中可能存在做空股指期货、做多 ETF 的期现套利机会。下文即将提到，在 2013 年 3 月 5 日，系统也确实做出了这样一笔交易，与结合图形初步推测得到的结果一致。

Chapter 2. 图表

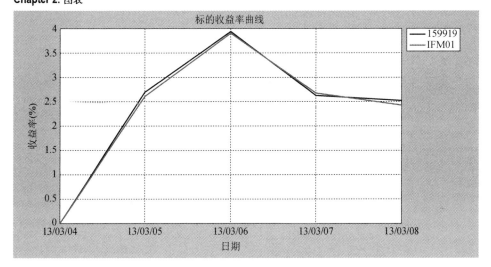

图 5-11　标的证券收益率曲线

图 5-12 表示的是账户 1 和账户 2 的总权益在策略回验期间的波动情况。图中四条曲线分别代表总权益、多头权益、空头权益和基准权益的变动情况，其中基准权益是指

策略回验同期以相同资金总额（即400万元）购买业绩比较基准（即沪深300指数）的权益。由图5-12可以明显看出，多头权益和空头权益在回验期间内均呈锯齿状波动，从而导致总权益呈幅度较小的锯齿型波动。但是可以看出，在回验期结束日（即2013年3月8日）时，总权益较回验开始日（即2013年3月4日）时是有所上升的，从汇总的权益曲线初步判断，系统依据本策略在回测期间内完成了一笔交易，且期末有盈利，但似乎盈利并不多。同时，可以明显看出，策略账户总权益的波动幅度明显小于业绩比较基准（即沪深300指数）的波动幅度。以上现象基本符合事实和逻辑：期现套利是套利交易的一种，套利交易追求的是对相同金额的不同标的证券进行一笔方向相反的交易，以在赚取收益的同时对冲部分或全部风险，因此相比于其他风险投资不会有巨额正收益或负收益。总权益曲线的波动幅度小于比较基准及多头和空头权益的波动幅度，也说明本策略在风险对冲方面做得比较成功。

Chapter 3. 权益曲线

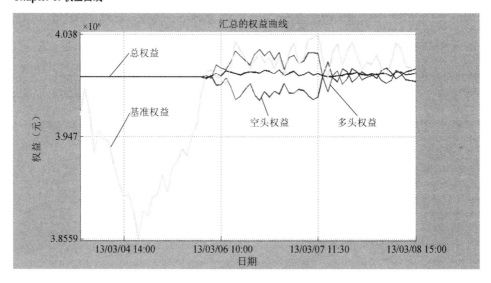

图 5-12 汇总的权益曲线

图5-13、图5-14和图5-15分别给出了本策略的汇总账户、账户1和账户2在回验期间（即2014年3月4日至2013年3月8日）内的收益状况列表。从图中可以看出，账户1（本策略为只进行了多头交易的账户）的初始权益为200万元，期末权益约为1 996 358元，累计亏损3642元，累计收益率为－0.18%，按QIA平台给出的年化收益率计算方法得到的年化收益率为－8.78%。账户2的初始权益为200万元，期末权益约为2 005 185元，累计盈利5165元，累计收益率0.26%，年化收益率13.88%。汇总后本策略累计盈利1523元，累计收益率0.04%，年化收益率1.94%。由上述数据可以看出，至少本策略在所选回验期间内是比较成功的，0.04%的累计收益率和接近2%

的年化收益率对于套利交易这种风险相对较低的策略来讲是可以接受的。

账户汇总	所有交易	多头交易	空头交易
概要			
初始权益(元)	4 000 000.00	4 000 000.00	4 000 000.00
期末权益(元)	4 001 522.71	3 996 357.91	4 005 164.80
累计盈亏(元)	1522.71	-3642.09	5164.80
累计收益率(%)	0.04	-0.09	0.13
年化收益率(%)	1.94	-4.49	6.72
手续费(元)	186.48	107.82	78.66

图 5-13 汇总账户的收益情况

账户1	所有交易	多头交易	空头交易
概要			
初始权益(元)	2 000 000.00	2 000 000.00	2 000 000.00
期末权益(元)	1 996 357.91	1 996 357.91	2 000 000.00
累计盈亏(元)	-3642.09	-3642.09	0
累计收益率(%)	-0.18	-0.18	0
年化收益率(%)	-8.78	-8.78	0
手续费(元)	107.82	107.82	0

图 5-14 账户 1 的收益情况

账户2	所有交易	多头交易	空头交易
概要			
初始权益(元)	2 000 000.00	2 000 000.00	2 000 000.00
期末权益(元)	2 005 164.80	2 000 000.00	2 005 164.80
累计盈亏(元)	5164.80	0	5164.80
累计收益率(%)	0.26	0	0.26
年化收益率(%)	13.88	0	13.88
手续费(元)	78.66	0	78.66

图 5-15 账户 2 的收益情况

5.4 实验操作录像

本章实验操作录像请扫描以下二维码观看：

（推荐在 WIFI 环境下观看）

第6章 算法交易实验模块

6.1 实验目的与要求

通过算法交易模拟实验，使学生掌握算法交易的基本操作方法，通过 Matlab 编程，完成 VWAP 策略的实现，从而有效降低委托订单产生的交易成本，提高大额交易的执行效率。

该实验要求如下：

能够熟练使用 Matlab 软件进行代码编程。

6.2 实验基础知识

算法交易也称黑盒交易、自动交易，指事先设计好交易策略，然后将其编制成计算机程序，利用计算机程序的算法来决定交易下单的时机、价格和数量等。通过算法交易，可以减少人力成本，减少冲击成本，提高交易的执行效率，增加投资回报，确保复杂的交易及投资策略以更低的交易成本执行。

根据算法交易中算法的主动程度不同，可以把算法交易分为被动型算法交易、主动型算法交易和综合型算法交易三大类。

（一）被动型算法交易

被动型算法交易除利用历史数据估计交易模型的关键参数外，不会根据市场的状况主动选择交易的时机与交易的数量，而是按照一个既定的交易方针进行交易。由于冲击成本和时间风险不能兼得，因此该策略的核心是在冲击成本（即大型交易者在交易中需要迅速而且大规模地买进或者卖出证券，未能按照预定价位成交，从而多支付的成本）与等待风险（即做出交易决策后，不立即执行可能带来的价格风险）之间平衡。市场上使用最广泛的算法交易策略是交易量加权平均价格（VWAP）策略。该策略的基本思想是让自己的交易量提交比例与市场成交量比例尽可能地匹配，在减少对市场的冲击的同时，获得市场成交均价的交易价格。其主要目的是最小化冲击成本。VWAP策略分为标准的VWAP策略和改进后的VWAP策略。

标准的VWAP策略的基本原理是：利用交易量分布的记忆性，将每个交易日固定时间段的交易量占全天交易量的比例按照加权平均的方法前推，得到一个新的交易量分布。但是这种策略有两个缺点：其一，它完全依赖于日内交易量分布预测，如果预测不准确，则VWAP策略的执行效果将不确定；其二，它是一种完全静态的策略，没有将市场的最新信息考虑进去，使得它不能更好地适应市场的变化，从而无法获得更好的交易价格。

改进后的VWAP策略的基本原理是：在市场价格高于市场均价的时候，根据市场价格的走势不同程度地减少提交量，在保证高价位的低提交量的同时，能够防止价格的持续上涨而提交量过度地向后聚集；在市场价格低于市场均价的时候，根据市场价格走势不同程度地增加提交量，在保证低价位的高提交量的同时，能够防止价格的持续走低而提交量过度地提前完成。

（二）主动型算法交易

主动型算法交易也称机会型算法交易。这类算法交易根据市场的状况做出实时的决策，判断是否交易、交易的数量、交易的价格等。主动型算法交易除了努力减少滑价以外，把关注的重点逐渐转到价格趋势的预测上。

（三）综合型算法交易

综合型算法交易是前两者的结合。这种算法交易既包含有既定的交易目标，具体实施交易的过程中也会对是否交易进行一定的判断。这类算法交易常见的方式是先把交易指令拆开，分布到若干个时间段内，每个时间段内具体如何交易由主动型交易算法进行判断。两者结合可以达到单独一种算法所无法达到的效果。

6.3 实验步骤及示例

本章以VWAP策略为例，向读者演示操作步骤。

本案例通过从QIA平台提取高频数据，利用Matlab编辑相关函数（日内交易量预测模型、交易量移动加权平均模型、IS冲击成本模型）执行VWAP策略。

由于本策略主要通过 Matlab 编程实现，因此主要介绍代码编写的目的以及运行结果的分析。Matlab 编辑界面如图 6-1 所示。

图 6-1 Matlab 编辑界面

1. 提取变量赋值

[factor, tickerList, timeList] = getDataByTime ('CQ', '2015-10-25 09: 30: 00', '2015-11-16 15: 00: 00', {'000002', ExchangeType.SZSE}, TimeIntervals.MIN05);
[stoke_turnoverTrue_5, tickerList1, timeList1] = getDataByTime ('CQ', '2015-11-16 09: 30: 00', '2015-11-16 15: 00: 00', {'000002', ExchangeType.SZSE}, TimeIntervals.MIN01);
[stoke_priceL1, tickerList2, timeList2] = getDataByTime ('CP', '2015-11-16 09: 30: 00', '2015-11-16 15: 00: 00', {'000002', ExchangeType.SZSE}, TimeIntervals.MIN01);
说明：将由 QIA 平台提取的决策数据赋给变量。

2. 预测交易量

```
stoke=zeros(16,48);
    for i=1:48*16
        j=floor(i/48);
        n=mod(i,48);
        if(n>0)
        stoke(j+1,n)=factor(i);
        continue
        end
        if(n==0)
            stoke(j,48)=factor(i);
        end
end
L=15;
```

说明：生成自定义维数的矩阵。

```
stoke_turnover=zeros(L,48);
stoke_turnoverTrue=zeros(1,48);
for i=1:L
        for j=1:48
            stoke_turnover(i,j)=stoke(i,j);
        end
end
stoke_turnover;
for j=1:48
        stoke_turnoverTrue(1,j)=stoke(L+1,j);
end
stoke_turnoverTrue;
```

说明：将L+1天的成交量分为前L天的和第L+1天的。

```
stoke_turnoverRate=zeros(L,48);
Sum=zeros(L,1);%L表示所选取的时间的天数
for j=1:L
        sum=0;
for i=1:48
        sum=sum+stoke_turnover(j,i);
end
Sum(j,1)=sum;
end
Sum;
```

```
for j=1:L
    for i=1:48
        stoke_turnoverRate(j, i) =stoke_turnover(j, i) /Sum(j, 1);
    end
end
stoke_turnoverRate;
```

说明：测算前 L 天的区间成交量所占的比率并输出。

```
stoke_turnoverRateL1=zeros(1, 48);
for i=1: 48
    sum1=0;
    for j=1:L
        sum1=sum1+stoke_turnoverRate(j, i);
    end
    sum1=sum1/L;
    stoke_turnoverRateL1(1, i) =sum1;
end
stoke_turnoverRateL1;
```

说明：利用前 L 天的数据预测第 L+1 天的区间成交量所占比率并输出。

```
stoke_turnoverTrueRate=zeros(1, 48);
    sum2=0;
    for i=1:48
    sum2=sum2+stoke_turnoverTrue(1, i);
    end
    sum2;
    for i=1:48
        stoke_turnoverTrueRate(1,i)=stoke_turnoverTrue(1,i)/sum2;
    end
    stoke_turnoverTrueRate;
```

说明：输出第 L+1 天的实际区间成交量所占比率。

3. 交易实测

```
V=100000;
stoke_turnoverL1=zeros(1, 48);
for i=1:48
    stoke_turnoverL1(1,i)=round(V*stoke_turnoverRateL1(1,i));
end
stoke_turnoverL1;
stoke_turnoverL1_5=zeros(1, 48* 5);
```

```
for i=1:48*5
    j=floor(i/5);
    if(j<(i/5))
    stoke_turnoverL1_5(1,i)=round(stoke_turnoverL1(1,j+1)/5);
        continue
    end
    if(j==(i/5))
        stoke_turnoverL1_5(1,i)=round(stoke_turnoverL1(1,j)/5);
    end
end
stoke_turnoverL1_5;
```
说明：假定在 L+1 天需要购买的股票数量为 V，记录第 L+1 天每分钟的股票价格 stoke_turnoverL1 和每分钟的计划成交量 stoke_turnoverL1_5。
```
buyAveragePrice=zeros(1, 48*5);
marketAveragePrice=zeros(1, 48*5);
sum3=0;
sum4=0;
for i=1:5*48
    sum3=stoke_turnoverL1_5(1,i)+sum3;
    sum4=stoke_turnoverL1_5(1,i)*stoke_priceL1(1,i)+sum4;
    buyAveragePrice(1, i) =sum4/sum3;
end
buyAveragePrice;
```
说明：根据每分钟股价计算并输出第 L+1 天的购买均价。
```
sum5=0;
sum6=0;
for i=1:5*48
    sum5=stoke_turnoverTrue_5(1,i)+sum5;
    sum6=stoke_turnoverTrue_5(1,i)*stoke_priceL1(1,i)+sum6;
    marketAveragePrice(1,i)=sum6/sum5;
end
marketAveragePrice;
```
说明：计算第 L+1 天的市场成交均价。

4. 绘制图形

```
figure(1)
    x=5:5:240;
    stoke_turnoverRate_All=[stoke_turnoverRateL1; stoke_turnoverTrueRate]';
```

```
    bar(x, stoke_turnoverRate_All);
    title('预测交易量与实际交易量对比');
    xlabel('Min');
    ylabel('Rate');
    axis fill;
    annotation('arrow', [0.132 0.132], [0.8 1]); annotation('arrow', [0.8 1], [0.108, 0.108]);
    set(gcf, 'color', 'white');
    box off;
axis tight;
```

说明：第一个图表对比预测成交量与实际成交量。

```
figure(2)
    y=1:48*5;
    plot(y, buyAveragePrice, 'b', y, marketAveragePrice, 'r');
    title('购买均价与市场均价比较');
    xlabel('Min');
    ylabel('averagePrice');
    text(y(95), buyAveragePrice(95), '\\ rightarrow购买均价走势');
    text(y(180), marketAveragePrice(180), '\\ rightarrow市场交易均价走势');
    annotation('arrow', [0.132 0.132], [0.8 1]); annotation('arrow', [0.8 1], [0.108, 0.108]);
    set(gcf, 'color', 'white');
    box off;
    axis tight;
    axis on;
```

说明：第二个图表对比实际购买均价与市场均价。

```
figure(3)
    [AX, H1, H2] = plotyy(y, buyAveragePrice, x, stoke_turnoverRate_All, 'plot', 'bar');
    set(get(AX(1), 'Ylabel'), 'String', 'averagePrice');
    set(get(AX(2), 'Ylabel'), 'String', 'Rate');
        xlabel('Min');
    title('VWAP交易算法对比');
    text(y(95), buyAveragePrice(95), '\\ rightarrow购买均价走势');
    hold on
    plot(y, stoke_priceL1, 'm', y, marketAveragePrice, 'r');
    text(y(110), stoke_priceL1(110), '\\ rightarrow时间点价格走势');
    text(y(180), marketAveragePrice(180), '\\ rightarrow市场交易均价走势');
```

```
annotation('arrow',[0.132 0.132],[0.8 1]);annotation('arrow',[0.8 1],
[0.108,0.108]);
set(gcf,'color','white');
```

说明：第三个图表是前两个图表的综合体现。

（五）运行结果

市场实际交易量与预测交易量的对比图、市场实际价格与预测价格的对比图和两者结合图，如图 6-2 所示。由 VWAP 执行效果图可以看出，该策略战胜了市场均价。

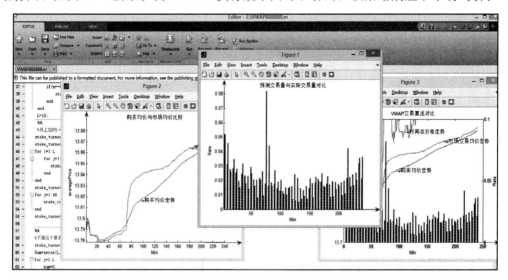

图 6-2　VWAP 执行效果图

6.4　实验操作录像

本章实验操作录像请扫描以下二维码观看：

（推荐在 WIFI 环境下观看）

第7章 人工智能实验模块

7.1 实验目的与要求

通过本实验模块,使学生了解人工智能方法的分类,分别掌握它们在量化投资中的应用思路。并通过 BP 神经网络实例,使学生初步掌握人工智能在量化投资中的应用方式。

本实验要求如下:
(1) 掌握人工智能系统的运行机理;
(2) 理解 BP 神经网络的 Matlab 代码含义,尝试自行运行,以加深理解。

7.2 实验基础知识

人工智能(artifical intelligence,简称 AI),是以计算机程序模拟人类学习、推理、思考等能力的一门学科。本实验模块循序渐进地介绍了人工智能中的机器学习、自动推理、专家系统、模式识别、遗传算法、人工神经网络等知识。

(一) 机器学习

机器学习主要研究如何用计算机模拟或实现人类的学习行为,使其具有获取新的知识或技能、重新组织并改进已有的知识结构的能力。机器学习是人工智能的核心,是使计算机具有智能的基本途径,主要应用于学习、总结,而不是推理。

其学习过程可简单概括为:外在环境向机器系统的学习部分提供某些信息,系统利用这些信息修改知识库,以增进系统的执行部分完成任务的效能,执行部分根据部分知识库完成任务,同时把获得的信息反馈给学习部分,如图 7-1 所示。

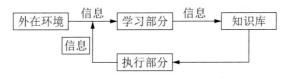

图 7-1 机器学习示意图

(二) 自动推理

机器学习的能力是学习已有的知识,而自动推理的能力是按各种设定逻辑由已有知识获得推论。实现自动推理的程序称为推理机。

自动推理分为演绎推理和归纳推理。其中,演绎推理是由已知的一般性知识或假设推出适用于特定情况的新知识的推理过程;归纳推理是依据大量事例,通过枚举、类比等方法归纳出一般性结论的推理过程。

(三) 专家系统

专家系统是一个根据某领域一个或多个专家提供的知识和经验,进行推理和判断,模拟人类专家的决策过程,以便解决需要人类专家处理的复杂问题的人工智能系统。专家系统是人工智能中最重要,也是最活跃的一个应用领域,它实现了人工智能从理论研究走向实际应用、从一般推理和策略探讨转向运用专门知识的重大突破。

专家系统以专家提供的知识作为知识库的外在信息来源,结合机器学习和自动推理实现其基本功能,其一般结构如图 7-2 所示。其设计包括以下几个方面:

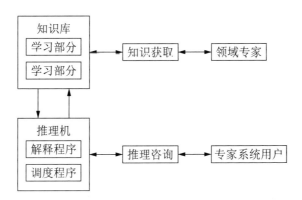

图 7-2 专家系统示意图

知识库的设计:

(1) 确定知识类型:叙述性知识、过程性知识、控制性知识;

(2) 确定知识表达方法;

(3) 知识库管理系统的设计。

推理机的设计：

(1) 选择推理方式；

(2) 选择推理算法：选择各种搜索算法，如深度优先搜索、广度优先搜索、启发式优先搜索等。

人—机接口的设计：

(1) 设计"用户—专家系统接口"：用于咨询理解和结论解释；

(2) 设计"专家—专家系统接口"：用于知识库扩充及系统维护。

(四) 模式识别

模式识别又称模式分类，是指对各种表现形式的信息进行处理和分析，对事物或现象进行描述、辨认、分类和解释的过程。根据处理问题的性质和解决问题的方法的不同，可将模式识别分为有监督的分类和无监督的分类两种。二者的主要区别在于，各实验样本所属的类别是否预先已知。

在模式识别的方法中，统计模式识别发展较早，也比较成熟。它首先将被识别的对象数字化，然后通过统计方法使具有相似性的样本在模式空间中相互接近，并形成"集团"，即物以类聚。其主要识别方法有判别函数法、近邻分类法、非线性映射法、特征分析法、主因子分析法等。

(五) 遗传算法

遗传算法主要通过交叉、变异、选择运算实现。它首先根据具体问题定义一个度量个体适应度的函数，然后通过交叉或变异运算生成"后代"，再通过适应度函数选择符合标准的染色体。如此若干代后，算法收敛于最好的染色体，即问题的最优解或次优解。

(六) 人工神经网络

人工神经网络（artificial neural network，ANN）是一种模仿大脑神经突触联结网络的行为特征，进行分布式并行信息处理的算法数学模型。这种网络依靠系统的复杂程度，通过调整内部大量节点之间相互连接的关系，达到处理信息的目的。它具有并行处理、自适应、自组织、联想记忆及容错性和抗毁性等特点。

人工神经网络理论中的柯尔莫哥洛夫（Kolmogorov）连续性定理从数学上保证了其用于时间序列预测的可行性。用人工神经网络对时间序列进行预测，容许数据中带有较强的噪声，这是其他方法所不能比拟的。

其基本处理结构如图 7-3 所示。

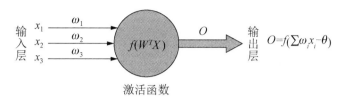

图 7-3　人工神经网络示意图

激活函数主要包括阈值型、S 型和线性型。

阈值型激活函数输入输出关系如下：

$$f(\text{net}) = \text{sgn}(\text{net}) = \begin{cases} 1, & \text{net} \geqslant 0 \\ 0, & \text{net} < 0 \end{cases}$$

S 型激活函数输入输出状态的取值范围为 [-1, 1] 或 [0, 1]，输入输出关系如下：

$$f(\text{net}) = \frac{1}{1+\exp(-\text{net})}$$

$$f(\text{net}) = \frac{2}{1+\exp(-\text{net})}$$

线性型激活函数输入输出关系如下：

$$f(\text{net}) = \text{net}$$

（七）反向传播神经网络

反向传播（BP）神经网络的原理就是误差传播校正方法，即利用实际输出与期望输出之差对网络的各层连接权由后向前逐层进行校正的一种计算方法。

其基本处理结构如图 7-4 所示。

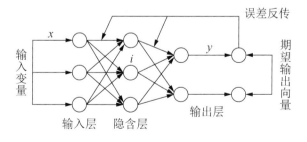

图 7-4　BP 神经网络示意图

采用 BP 神经网络进行非线性时间序列预测的特点是：学习过程由信号的正向传播与误差的逆向传播两个过程组成，它较好地揭示了非线性时间序列的内在相关性，信息损失较少,易于达到预测目的。又由于预测中,所有的信息均来自单一的序列,所以在应用中一般使用反向传播方向来进行有记忆的训练和预测,可以较好地揭示非线性时间序列在时延状态空间中的相关性,从而达到预测目的。

BP 神经网络的学习步骤为:

(1) 初始化:设置所有的加权系数为最小的随机数,用均匀分布随机数将各权值设定一个小的随机数,作为节点间的连接权和阈值。

提供训练集:网络输入为 X,目标输出为 D,实际输出为 Y。

(2) 计算实际输出 Y。

对于输入层节点,其输出 O_i^I 与输入数据 x_i 的关系为:

$$O_i^I = x_i, \quad i = 1, 2, \cdots, n$$

对于隐含层节点,其输入为:

$$\text{net}_k^H = \sum_{i=1}^{n} \omega_{ki}^{HI} O_i^I, \quad k = 1, 2, \cdots, l$$

输出为:

$$O_k^H = f(\text{net}_n^H - \theta_k^H)$$

对于输出层节点,其输入为:

$$\text{net}_j^o = \sum_{k=1}^{l} \omega_{jk}^{OH} O_k^H, \quad j = 1, 2, \cdots, m$$

输出为:

$$y_i = f(\text{net}_j^O - \theta_j^O)$$

(3) 计算期望值与实际输出的误差 e_j。

$$e_j = d_j - y_j$$

计算出所有节点的误差平方和:

$$E = \frac{1}{2} \sum_{j=1}^{m} (d_j - y_j)^2$$

如果 E 小于规定值,跳转到步骤 (6),否则继续步骤 (4)。

(4) 调整输出层的加权系数 ω_{jk}^{OH}。

$$\omega_{jk}^{-OH} = \omega_{jk}^{OH} + \Delta \omega_{jk}^{OH}$$

$$\Delta \omega_{jk}^{OH} = \eta \delta_j^O \cdot O_k^H$$

$$\delta_j^O = (d_j - y_j) \cdot y_j (1 - y_j)$$

其中,η 为训练速率,一般在 0.01 和 1 之间。

(5) 调整隐含层的加权系数 ω_{ki}^H。

$$\omega_{ki}^{-HI} = \omega_{ki}^{HI} + \Delta \omega_{ki}^{HI}$$

$$\Delta\omega_{ki}^{HI} = \eta\delta_k^H \cdot O_i^I$$

$$\delta_j^H = O_k^H(1-O_k^H)\sum_{k=1}^{I}\delta_j^o \omega_{jk}^{OH}$$

(6) 返回步骤(2),直到每一个训练样本的误差都满足要求为止。

(八)径向基函数神经网络

径向基函数(RBF)神经网络是一种三层结构的前馈网络,依然分为输入层、隐含层和输出层。其中输入层节点只传递输入信号到隐含层,隐含层的基函数为非线性的,它对输入信号产生一个局部化的响应,即每一个隐含层节点有一个参数矢量,称之为中心。该中心用来与网络输入矢量相比较,以产生径向对称响应,仅当输入落在一个很小的指定区域中时,隐含层节点才做有意义的非零响应,响应值在 0 到 1 之间。输入层节点与基函数中心的距离越近,隐含层节点响应越大,输出单元是线性的,即输出单元对隐含层节点输出进行线性加权组合。

RBF 神经网络的实现步骤为:

(1) 根据所有的输入样本决定隐含层各节点的径向基函数的中心值 C_j 和径向基函数的宽度 σ_j。

(2) 在决定好隐含层 j 的参数后,根据样本,利用最小二乘原则求出输出层的权值 ω_j。

(3) 有时在完成第二阶段的学习后,再根据样本信号,同时校正隐含层和输出层的参数以进一步提高网络的精度。

RBF 神经网络和 BP 神经网络相比较的区别在于:RBF 神经网络的作用函数为高斯函数,是局部的;BP 神经网络的作用函数为 S 函数,是全局的。RBF 神经网络具有很好的函数逼近能力和抗干扰能力,还具有唯一最佳逼近点的优点。这是由于 RBF 神经网络输出与网络的连接权值是线性关系,避免了学习中的反复迭代过程。其收敛速度比改进的 BP 神经网络快很多。

7.3 实验步骤及示例

本章以收益预测为例,向读者演示操作步骤。

(1) 数据样本选取。股票市场与公司经营情况息息相关,本案例选取以下 8 个基本面因子作为股票因子的因变量:日市场总市值、每股收益、账面市值比、负债与权益市价比率、经营活动产生的现金流量净额增长率、总资产周转率、总资产净利润率、净利润增长率。

（2）预测方法。利用 BP 神经网络构造因子与收益率之间的网络结构，通过训练仿真获得因子与收益率之间的映射模式，从而进行预测。

（一）新建策略和参数设置

登录 QIA 量化投资研究平台后，在 QIA 主界面点击"策略列表"下方的"新建"按钮，建立策略名称为"bbpp"的新策略，策略类型为"资金权重"。

设置"决策数据"为：日市场总市值、每股收益、账面市值比、负债与权益市价比率、经营活动产生的现金流量净额增长率、总资产周转率、总资产净利润率、净利润增长率。

本实验中，"交易标的"设置为"600000 浦发银行"；回验时间设置为 2012 年 1 月 1 日至 2012 年 12 月 31 日。其他参数对本实验无影响，可按默认设置，如图 7-5 所示。设置完毕后单击"保存"按钮。

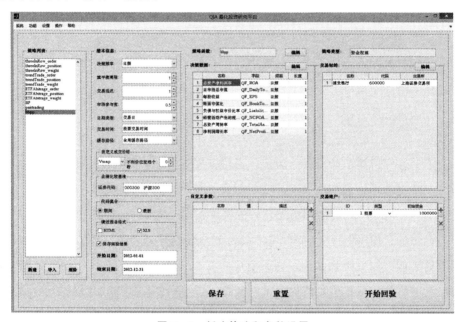

图 7-5 新建策略和参数设置

（二）策略编写

单击 QIA 主界面上"策略函数"右侧的"编辑"按钮，弹出策略撰写界面，在此界面中输入策略代码。

1. 初始数据准备

function [portfolio, newStateMatrix] =bbpp (decisionData, stateMatrix)

```
FactorName={'QF_DailyTotalMV', 'QF_EPS', 'QF_BookToMarket', 'QF_Liability-
ToMarketValue', 'QF_NetProfitsGrowth', 'QF_TotalAssetsTurnover', 'QF_ROA',
'QF_NCFOAGrowth'};
FactorNameLen=length(FactorName);
for i=1:FactorNameLen
    [data(i,:), ~, ~]=getDataByTime(FactorName{i}, '20120101', '20121231',
    {'600000', ExchangeType.SSE}, TimeIntervals.DAY01);
end
```

说明：提取了浦发银行（600000）的决策数据赋给矩阵，包括：日市场总市值、每股收益、账面市值比、负债与权益市价比率、经营活动产生的现金流量净额增长率、总资产周转率、总资产净利润率、净利润增长率。

```
[Rtn, ~, ~]=getDataByTime('Rtn', '20120101', '20121231', {'600000', Ex-
changeType.SSE}, TimeIntervals.DAY01);
```

说明：获取浦发银行收益率。

```
[normInput, dataConvertsMode]=mapminmax(data);
[normTarget, RtnConvertsMode]=mapminmax(Rtn);
```

说明：数据归一化处理。

```
[trainSamples, validateSamples, testSamples] = dividevec(normInput,
normTarget, 0.2, 0.2);
```

说明：将数据乱序及分类处理，20%作为测试数据，20%作为变化数据，余者作为正常输入，用来训练。

2. BP 神经网络训练

```
net=newff(normInput, normTarget, [2, 3], {'purelin', 'tansig', 'tansig'}, '
traingdx');
```

说明：创建四层 BP 神经网络函数，隐含层网络节点为 2*3*1，'purelin'为神经元激励函数 y=x；'traingdx'为输出层的转移函数。

```
net.trainParam.epochs=1000;
net.trainfcn='traingdm';
[net, tr]=train(net, trainSamples.P, trainSamples.T, [], [], validateSa-
mples, testSamples);
```

说明：设置训练 1000 次，以动量梯度下降算法作为训练函数并开始训练。

```
[normTrainOutput]=sim(net, trainSamples.P, [], [], trainSamples.T);
[normValidateOutput]=sim(net, validateSamples.P, [], [], validateSamples.T);
[normTestOutput]=sim(net, testSamples.P, [], [], testSamples.T);
```

说明：训练完成后，调用 sim() 函数进行仿真。

```
trainOutput=mapminmax('reverse', normTrainOutput, RtnConvertsMode);
trainInsect=mapminmax('reverse', trainSamples.T, RtnConvertsMode);
```

```
validateOutput=mapminmax('reverse', normValidateOutput, RtnConvertsMode);
validateInsect=mapminmax('reverse', validateSamples.T, RtnConvertsMode);
testOutput=mapminmax('reverse', normTestOutput, RtnConvertsMode);
testInsect=mapminmax('reverse', testSamples.T, RtnConvertsMode);
```
说明：仿真后结果数据反归一化。

3. 结果输出

```
TrainAndValidLen=ceil((10.2)*size(data,2));
TotolLen=size(data,2);
plot(1:TrainAndValidLen, [trainOutput validateOutput], 'b', 1:TrainAndVal-
    idLen, [trainInsect validateInsect], 'g', TrainAndValidLen+1:TotolLen,
    testOutput, 'm*', TrainAndValidLen+1:TotolLen, testInsect, 'ro');
title('神经网络预测结果')
xlabel('时间')
ylabel('收益率')
legend('仿真训练样本', '真实训练样本', '预测值', '真实值')
end
```
说明：利用图表将预测结果与真实训练样本进行对比。

(三) 策略回验

策略代码输入完成并保存后，回到 QIA 主界面，单击"开始回验"按钮，即可开始回验进程，如图 7-6 所示。

图 7-6 策略回验

在回验结束后，一个错误窗口会随回验结果一同出现，如图7-7所示。这是因为本策略旨在利用BP神经网络对股票收益率进行预测，而不涉及证券投资组合（portfolio）的输出。单击"OK"按钮即可。

图7-7　错误窗口

（四）训练表现

图7-8是Matlab神经网络工具箱给出的学习表现示意图，它展示出了本实验中BP神经网络的可视化示意图：8个输入因子，经过2×3×1的隐含层的训练学习，对1个输出因子进行预测。

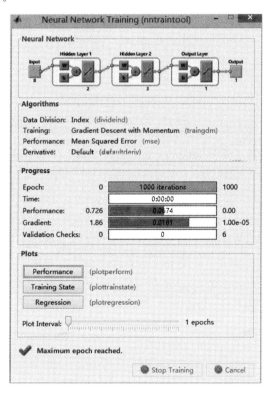

图7-8　训练表现

图 7-9 展示了一种迭代次数达到默认最大值 1000 时的状态，窗口底部会显示"Maximum epoch reached"，意为迭代次数达到最大值，此时训练会终止。

图 7-10 展示了一种迭代次数未达到最大值，而检查次数已达到默认最大值 6 时的状态，窗口底部会显示"Validation stop"，意为检查次数达到最大值，也就是说，样本的预测误差经过连续 6 次迭代而不再减小，此时训练也会终止。

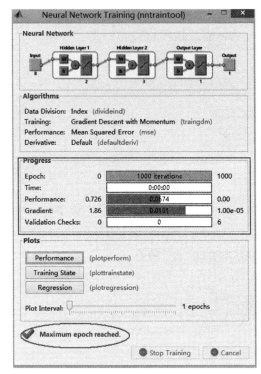

图 7-9　迭代次数达到最大值　　　　图 7-10　检查次数达到最大值

（五）预测结果

本实验的最终预测结果如图 7-11 所示，其中虚线表示真实训练样本，圆圈表示用于检验预测训练成果的真实值；实线表示仿真训练样本，星形表示实验的预测值，可以将其与真实值进行对比，检验训练成果。

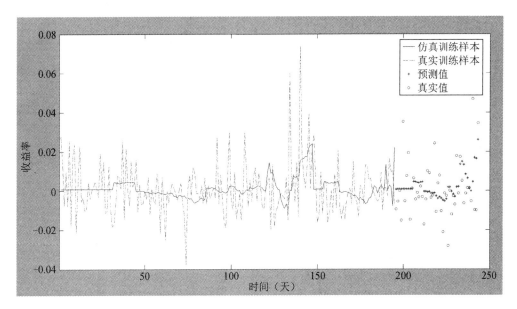

图 7-11 神经网络预测结果

7.4 实验操作录像

本章实验操作录像请扫描以下二维码观看:

(推荐在 WIFI 环境下观看)

第 8 章　数据挖掘实验模块

8.1　实验目的与要求

本章通过对基于决策树和随机森林组合进行的数据分类和预测，使读者能够快速熟悉 R 软件的工作界面和基本操作，对数据挖掘在股票市场的分类与预测有一个直观和全面的认识，并运用数据挖掘的策略对股票的涨跌情况进行预测，指导投资行为。

该实验要求如下：
(1) 掌握数据挖掘的基本方法；
(2) 能够熟练使用 R 软件进行代码编程。

8.2　实验基础知识

随着信息技术的迅猛发展，许多企业、科研机构和政府部门等都积累了海量的、以不同形式存储的数据资料。这些海量数据中往往隐含着各种各样有用的信息，仅仅依靠数据库的查询检索机制和统计学方法很难获得这些信息，迫切需要自动地、智能地将待处理的数据转化为有价值的信息，从而达到为决策服务的目的。

面对海量数据库和大量繁杂信息，如何才能从中提取有价值的知识，进一步提高信息的利用率？这一问题引发了一个新的研究方向：基于数据库的知识发现（knowledge discovery in database，KDD）及相应的数据挖掘（data mining）理论和技术的研究。

关于知识发现，目前公认的定义是由 Fayyad 等人提出的。所谓基于数据库的知识发现过程（KDD 过程）是指从大量数据中提取有效的、新颖的、潜在有用的、最终可被理解的模式的非平凡过程。从宏观上看，KDD 过程主要由三个部分组成，即数据整理、数据挖掘、结果表达和解释。而数据挖掘是 KDD 过程中的一个基本步骤，是 KDD 最核心的部分，是从大量数据中抽取令人感兴趣的（隐含的、以前不知道的、有效的、有潜在使用价值的）信息或模式的过程。

（一）数据挖掘的主要任务

数据挖掘的目标是从大量数据中，发现隐藏于其后的规律或数据之间的关系，从而服务于决策。数据挖掘一般有以下三类主要任务：

1. 分类

分类的主要功能是根据数据的属性将数据分派到不同的组中。利用分类可以从数据集中提取描述数据类的一个函数或模型（通常也称为分类器），并把数据集中的每个对象归结到某个已知的对象类中。通过分析数据的各种属性，并找出数据的属性模型，确定这些数据属于哪些组。这样我们就可以利用该模型来分析已有数据，并预测新数据将属于哪一个组。

2. 关联

关联规则反映一个事物与其他事物之间的相互依存性和关联性。如果两个或者多个事物之间存在一定的关联关系，那么，其中一个事物就能够通过其他事物预测到。关联规则挖掘是一个两步的过程：①找出所有频繁项集（大于或者等于最小支持度的项集）；②由频繁项集产生强关联规则，这些规则必须大于或者等于最小支持度和最小置信度。其中，支持度（support）是指同时买 X 和 Y 的交易次数占总交易次数的百分比；置信度（confidence）是指买 X 的交易中有多大可能性买 Y（条件概率）。

3. 聚类

聚类分析是在预先不知道客观分类依据的情况下，根据信息相似度原则进行信息集聚的一种方法。

聚类模型是按照某种相近程度度量方法将用户数据分成互不相同的一些分组。聚类即由一系列相近数据组成的分组的集合，每一个分组中的数据相近，不同分组之间的数据相差较大。采用聚类模型，系统可以根据部分数据发现规律，进而找出对全体数据的描述。

（二）数据挖掘的典型算法

1. KNN 法

KNN 法即 K 最近邻（K-nearest neighbor）法。所谓 K 最近邻，就是 K 个最近的邻居，说的是每个样本都可以用它最接近的 K 个邻居来代表。该方法的思路非常直观：

如果一个样本在特征空间中的 K 个最相似（即特征空间中最邻近）的样本中的大多数属于某一个类别，则该样本也属于这个类别。该方法在确定分类决策上只依据最邻近的一个或者几个样本的类别来决定待分样本所属的类别。

例如，如果您住在一个市中心的住宅内，周围若干个小区的同类大小房子售价都在 280 万元到 300 万元之间，那么我们可以把您的房子和它的近邻们归类到一起，估计售价也在 280 万元到 300 万元之间。同样，如果您的朋友住在郊区，他周围的同类房子的售价都在 110 万元到 120 万元之间，那么他的房子和近邻的同类房子归类之后，售价也在 110 万元到 120 万元之间。

KNN 方法在类别决策时，只与极少量的相邻样本有关。由于 KNN 方法主要靠周围有限的邻近样本，而不是靠判别类域的方法来确定所属类别，因此对于类域的交叉或重叠较多的待分样本集来说，KNN 方法较其他方法更为适合。

2. Apriori 算法

Apriori 算法是指关联规则挖掘算法。Apriori 算法的基本过程是：扫描一遍数据库，得到一阶频繁项；用一阶频繁项构造二阶候选项；扫描数据库对二阶候选项进行计数，删除其中的非频繁项，得到二阶频繁项；然后构造三阶候选项……以此类推，直到无法构造更高阶的候选项，或到达频繁项集的最大长度限制为止。

Apriori 算法将发现关联规则的过程分为两个步骤：检索出事务数据库中的所有频繁项集；利用频繁项集构造出满足用户最小置信度的规则。

频繁项集有以下性质：

性质 1：频繁项集的子集必为频繁项集。假设项集 $\{A，C\}$ 是频繁项集，则 $\{A\}$ 和 $\{C\}$ 也为频繁项集。

性质 2：非频繁项集的超集一定是非频繁的。假设项集 $\{D\}$ 不是频繁项集，则 $\{A，D\}$ 和 $\{C，D\}$ 也不是频繁项集。

同时，Apriori 算法也有很多弊端，比如需要多次扫描数据表，产生大量频繁集等。

3. FP 增长算法

Apriori 算法的计算过程必须对数据库作多次扫描，而 FP 增长（FP-growth）算法在构造过程中只需扫描一次数据库，再加上初始时为确定支持度递减排序的一次扫描，共计只需两次扫描。由于在 Apriori 算法中的自身连接过程产生候选项集，候选项集产生的计算代价非常高，而 FP 增长算法不需产生任何候选项。

4. 神经网络

神经网络（neural network）是通过对人脑的基本单元——神经元的建模和连接，

探索模拟人脑神经系统功能的模型,并研制一种具有学习、联想、记忆和模式识别等智能信息处理功能的人工系统。

5. SVM 法

SVM 法即支持向量机(support vector machine)法,SVM 可以自动寻找出那些对分类有较好区分能力的支持向量,由此构造出的分类器可以最大化类与类的间隔,因而有较好的适应能力和较高的分准率。该方法只需要由各类域的边界样本的类别来决定最后的分类结果。SVM 法对小样本情况下的自动分类有着较好的分类结果。

SVM 法会在第 9 章做详细的介绍,故在此不作赘述。

6. 决策树

决策树(decision tree)是通过一系列规则对数据进行分类的过程。由于这种决策分支画成图形很像一棵树的枝干,故称决策树。决策树是一个类似于流程图的结构,每个节点代表一个属性上的值,每个分枝代表测试的一个输出,树叶代表类或者类分布。

决策树是最经典的数据挖掘方法之一,它以树形结构将决策/分类过程展现出来,简单直观、解读性强,根据适用情况的不同,有时也被称为分类树或回归树。关于其在决策分析方面的应用,有一个关于某著名高尔夫俱乐部经理根据天气预报来对雇员数量做出决策的经典案例。这位经理在经营俱乐部的过程中发现,某些天好像所有人都来玩高尔夫,以至于员工都忙得团团转还是应付不过来;而有些天却一个人也不来,使得俱乐部为多余的雇员浪费了不少资金。因此他考虑通过下周的天气预报来看人们倾向于在什么时候来打球,以适时调整雇员数量,最终根据树状图得到了一些非常有用的结论:如果天气状况是多云,人们总是选择来打高尔夫球,晴天时大部分人会来打球,而只有少数人甚至在雨天也会来打球;进一步,在晴天但湿度较高时,顾客们就不太喜欢来打球,但如果雨天没有风的话,人们还是愿意到俱乐部来打球的。因此,该俱乐部经理通过决策树给出了一个解决方案:在潮湿的晴天或者刮风的雨天安排少量的雇员,这种天气不会有太多人来打高尔夫球,而其他的天气则可考虑另外再雇用一些临时员工,使得在大批顾客来玩高尔夫时俱乐部仍能正常运作。

分类回归树(classification and regression tree,CART)是 Breiman 等在 1984 年提出来的一种非参数方法。CART 方法可以分为分类决策树(classification tree)和回归决策树(regression tree)两种。分类决策树用于因变量(或称输出变量、目标变量)是分类变量的情况,回归决策树则用于因变量是连续变量的情况。

分类模型根据其目的不同,一般可以分为描述性模型和预测性模型。描述性模型作为解释性工具,用于区分不同类中的对象。而预测性模型是用来预测未知的因变量(目标变量）。决策树是一种特殊的分类模型，是一种直接的、呈树状的非循环图。其中，CART 算法是决策树最经典、最主要的算法。

7. 随机森林

由于单棵决策树模型往往精度不高，且容易出现过拟合问题。因此，很多学者通过聚集多个模型来提高预测精度，这些方法称为组合（ensemble）或分类器组合（classifier combination）方法。组合方法首先利用训练数据构建一组基分类模型（base classifier），然后通过对每个基分类模型的预测值进行投票（因变量为分类变量时）或取平均值（因变量为连续数值变量时）来决定最终预测值。

随机森林（random forest）是一种统计学习理论，它是利用 Bootsrap 重抽样方法从原始样本中抽取多个样本，对每个 Bootsrap 样本进行决策树建模，然后组合多棵决策树的预测，通过投票得出最终预测结果。理论和大量的实证研究都证明了随机森林具有很高的预测准确率，对异常值和噪声具有很好的容忍度，且不容易出现过拟合问题。可以说，随机森林是一种自然的非线性建模工具，只需对样本信息不断进行训练，有很好的自适应功能，非常适合于解决先验知识不清、无规则多约束条件和数据不完备的应用问题，便捷快速，克服了传统预测方法导致的信息和知识的获取间接、费时且效率低下的缺点，为预测走向实用化奠定了基础。

8.3 实验步骤及示例

本章基于决策树和随机森林组合进行的数据分类和预测，向读者演示操作步骤。

本案例的实证对象为沪深 300 指数基金，提取 2015 年 11 月 3 日当天 4050 分钟的分频数据，将股票人为分成两类：1（上涨类）和 0（下跌类）。选取 MACD 指标，KDJ 随机指标中的 K 值、D 值、J 值，WR（威廉指标），MTM（动量指标），CCI（顺势指标）和 RSI（相对强弱指标）来解释和说明这两个类别。同时，将这 4050 个时间序列数据分成两个集合：train 和 test。train 中含有 3050 个数据用来作为数据集，test 中含有 1000 个数据用来作为测试集回验策略。

该策略用随机森林模型对沪深 300 指数基金数据进行分类并与人为分类进行对比，得出模型拟合的误差。最后对测试集的数据进行预测，得出该策略预测股票上涨和下跌的准确度。

（一）打开 R 软件

双击"R"图标，进入平台界面，如图 8-1 所示。

图 8-1　平台登录界面

（二）新建程序

选择文件菜单下方的"新建"选项，进入新建策略对话框，如图 8-2 所示。

图 8-2　新建策略

(三) 数据储存

将策略所需的数据集 train 和测试集 test 录入 Excel 当中，并保存到 E 盘 work 文件夹下，命名为 hismintrain 和 hismintest，如图 8-3 所示。

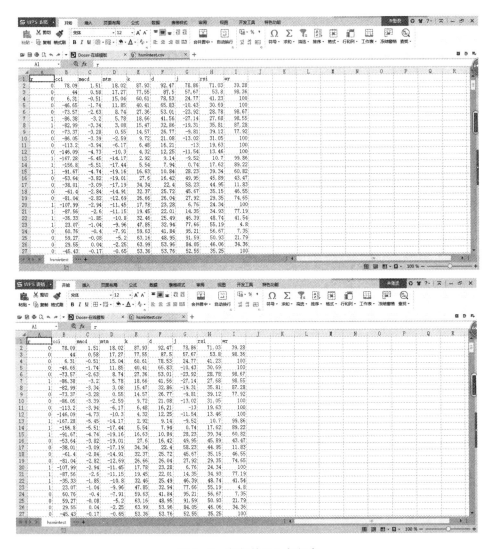

图 8-3　数据的录入与保存

(四) 策略函数编辑

直接在 R 软件左上方进行策略编辑，编辑结果如图 8-4 所示。

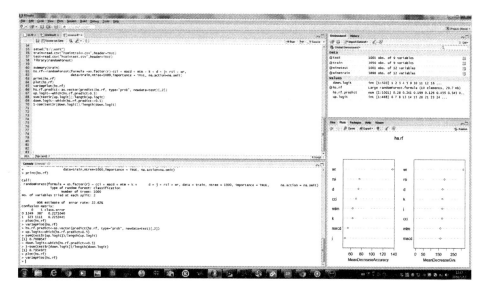

图 8-4 策略函数编辑

策略代码说明如下：

1. 数据导入

setwd(" E:\\ \\ work")
train=read.csv(" hsmintrain.csv", header=TRUE)
test=read.csv(" hsmintest.csv", header=TRUE)
library(randomForest)
说明：设置工作区，并将数据导入 train 数据集和 test 测试集

2. 数据挖掘

summary(train)
hs.rf<-randomForest(formula=as.factor(r) ~cci+macd+mtm+k+d+j+rsi+wr,
           data=train, ntree=1000, importance=TRUE, na.action=na.omit)
print(hs.rf)
plot(hs.rf)
varImpPlot(hs.rf)
说明：列出 train 数据集的基本信息，同时建立随机森林模型对数据集进行分类并与人为分类进行对比，画图，得出建立模型的误差值和各个变量对模型的贡献度。

3. 结果对比

hs.rf.predict<- as.vector(predict(hs.rf, type=" prob", newdata=test)[,2])
up.logit<- which(hs.rf.predict> 0.5)
sum(test$r [up.logit]) /length(up.logit)

```
down.logit<-which(hs.rf.predict<=0.5)
1-sum(test$r[down.logit])/length(down.logit)
```

说明：利用已建立的模型对 test 测试集进行分类预测，并与实际数据进行对比，得出分类预测的准确率。

（五）策略回验

代码运行需要将以上代码分段复制入 console 文本框当中，并按回车键运行。

首先，将第一部分和第二部分代码复制入 console 文本框，按回车键运行，如图 8-5 所示。

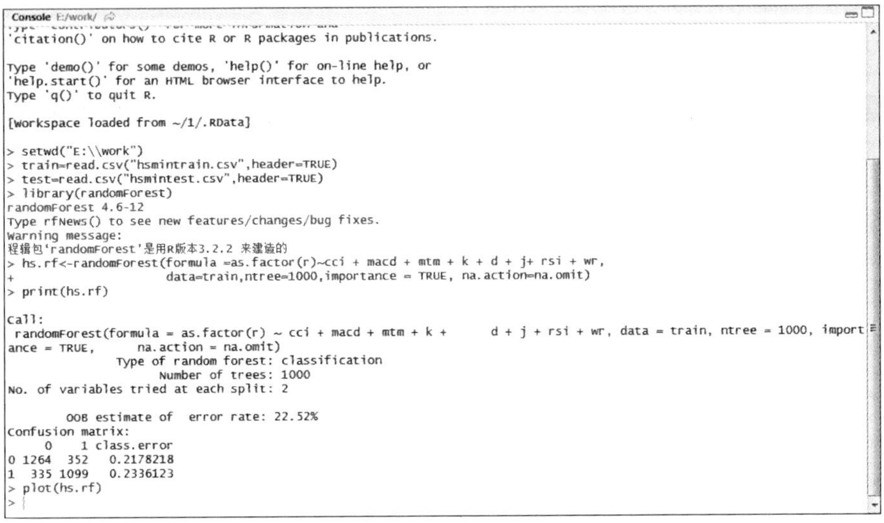

图 8-5 策略回验

从运行结果可以看出，根据该模型的分类，在 train 数据集之中的 3050 个数据，有 1264 个数据归入下跌，误差率为 21.78%；有 335 个数据归入上涨，误差率为 23.36%。

由图 8-6 可以看出，整体模型的误差率（即曲线图中的黑线部分），随着决策树数量的增加而逐渐下降，在 1000 棵决策树的条件下，其误差率下降至 22.52%。同时，我们分别从点状图所示的平均精度降低法（Mean Decrease Accuracy）和平均基尼指数降低法（Mean Decrease Gini）的测度结果中可以看出，威廉指标（WR）、D 值和 RSI 对模型分类的贡献率是最大的。

最后，将第三部分复制入 console 文本框，按回车键运行程序，得到如图 8-7 所示的策略回验结果。

从图 8-7 可以看出，根据模型对 test 预测集的分类预测，并将结果与人为分组的真实情况做比较，对于上涨类股票的预测结果的准确率达到 70.17%，而对于下跌类股票的预测结果的准确率达到了 79.44%。整体预测的准确度大于 50%。

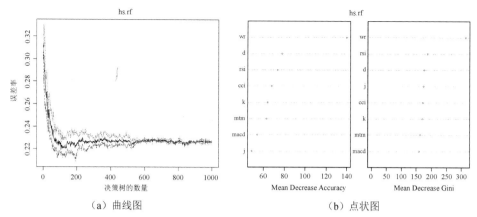

(a) 曲线图　　　　　　　　　　　(b) 点状图

图 8-6　模型误差率与指标贡献率

图 8-7　策略回验

8.4　实验操作录像

本章实验操作录像请扫描以下二维码观看：

（推荐在 WIFI 环境下观看）

第9章 支持向量机实验模块

9.1 实验目的与要求

通过支持向量机实验模块,使学生掌握支持向量机的分类及原理,理解其在量化投资中的应用思路。并通过实验案例,使学生初步掌握支持向量机在量化投资中的应用方式。

本实验要求如下:
(1) 使用最小二乘支持向量机算法进行金融时间序列预测;
(2) 使用支持向量机分类器识别市场反转点;
(3) 理解基于最小二乘支持向量机的股指期货交易 Matlab 代码。

9.2 实验基础知识

支持向量机(support vector machines,SVM)即利用支持向量创建的机器学习算法。利用 SVM 的目的是基于数据寻找预测性函数,建立输入和输出变量间的关系,即从数据中提取模式。

在 SVM 中,函数是通过训练集计算的参数来定义的,经由"学习"得来。建立的函数也被称为"假说",因为没有人知道真实的函数。

SVM 目前主要被应用于金融时间序列预测、市场价格反转点预测、文本分类、手写文字识别、图像分割、语音信号分类、舆情分析等。

值得一提的是舆情分析领域。通过分析一篇文章中是否包含某些词汇,建立特征向量集。利用一定量的此类数据训练函数模型,就可以将模型用于判断文章的类型、观点和倾向,甚至不需要人工介入。在金融领域,舆情分析即是通过分类各种报告、新闻、历史资料来判断和预测市场未来的变化趋势。

（一）支持向量机基本理论

如图 9-1 所示，现在有一个二维平面，平面上有两种不同的数据，分别用圈和叉表示。由于这些数据是线性可分的，所以可以用一条直线将这两类数据分开，这条直线就相当于一个超平面，即两类点的分界。

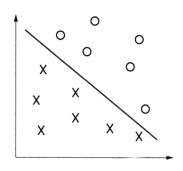

图 9-1　线性分界

这个超平面可以用函数 $g(x)=\omega^T x+b$ 表示，x 为数据向量，ω 为权重向量（weight vector），b 为偏置向量（bias vector）。然后可以用符号函数 $f(x)$ 表示各个点的类别：当 $g(x)>0$ 时，$f(x)$ 取 1；当 $g(x)<0$ 时，$f(x)$ 取 -1。故真正的分类函数是 $f(x)=\text{sgn}(g(x))$。换言之，在进行分类的时候，遇到一个新的数据点 x，将 x 代入 $g(x)$ 中，如果 $g(x)$ 小于 0，则将 x 的类别赋为 -1，如果 $g(x)$ 大于 0，则将 x 的类别赋为 1。

那么如何确定这个超平面呢？从直观上而言，这个超平面应该是最适合分开两类数据的直线，而判定"最适合"的标准就是这条直线离直线两边的数据的间隔最大。

在超平面 $\omega^T x+b=0$ 确定的情况下，$|\omega^T x+b|$ 能够表示点 x 距离超平面的远近，而通过观察 $\omega^T x+b$ 的符号与类标记 y 的符号是否一致，可判断分类是否正确。所以可以用 $y(\omega^T x+b)$ 的正负性来判定或表示分类的正确性。由此，我们便引出了函数间隔（functional margin）的概念。

定义函数间隔 $\hat{\gamma}$ 为：

$$\hat{\gamma}=y(\omega^T x+b)=yf(x)$$

若 x 属于该类别，那么 $\omega^T x_i+b>0$，而 y_i 也大于 0；若不属于该类别，那么 $\omega^T x_i+b<0$，而 y_i 也小于 0，这意味着 $y_i(\omega^T x_i+b)$ 总是大于 0 的，而且它的值就等于 $|\omega^T x_i+b|$，也就是 $|g(x_i)|$。

但这样定义的函数间隔有问题，即如果成比例地改变 ω 和 b，则函数间隔的值 $f(x)$

却变成了原来的 2 倍，所以对法向量 ω 加些约束条件，从而引出真正定义点到超平面的距离——几何间隔（geometrical margin）的概念。

现在把 ω 和 b 归一化，即用 $\omega/\|\omega\|$ 和 $b/\|\omega\|$ 分别代替原来的 ω 和 b，那么间隔就可以写成 $\delta_i = \dfrac{1}{\|\omega\|} | g(x_i) |$。

假定对于一个点 x，令其垂直投影到超平面上的对应点为 x_0，ω 是垂直于超平面的一个向量，γ 为样本 x 到超平面的距离。

则有 $x = x_0 + \gamma \dfrac{\omega}{\|\omega\|}$，其中 $\|\omega\|$ 表示的是范数。

又由于 x_0 是超平面上的点，满足 $f(x_0) = 0$，代入超平面的方程 $\omega^T x + b = 0$，即可算出：

$$\gamma = \dfrac{\omega^T x + b}{\|\omega\|} = \dfrac{f(x)}{\|\omega\|}$$

为了得到 γ 的绝对值，令 γ 乘以对应的类别 y，即可得出几何间隔 $\tilde{\gamma}$ 的定义：

$$\tilde{\gamma} = y\gamma = \dfrac{\hat{\gamma}}{\|\omega\|}$$

从上述函数间隔和几何间隔的定义可以看出：几何间隔就是函数间隔除以 $\|\omega\|$。而由于 y 只能取 1 或 -1，则函数间隔 $y(\omega x + b) = yf(x)$ 实际上就是 $|f(x)|$，只是人为定义的一个间隔度量，几何间隔 $|f(x)|/\|\omega\|$ 才是直观上的点到超平面的距离。

对数据点进行分类时，为了使得分类的确信度尽量高，需要让所选择的超平面能够最大化这个"间隔"值。这个间隔如图 9-2 中的 Gap/2 所示。

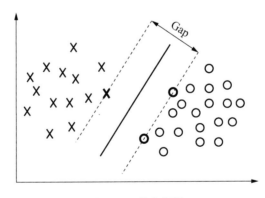

图 9-2　最大间隔

于是最大间隔分类器（maximum margin classifier）的目标函数可以定义为 $\max \tilde{\gamma}$。同时需满足一些条件，根据间隔的定义，有

$$y_i(\omega^T x_i + b) = \gamma_i \geqslant \gamma, \ i = 1, \cdots, n$$

由几何间隔的定义 $\tilde{\gamma} = y\gamma = \dfrac{\hat{\gamma}}{\|\omega\|}$ 可知：如果令函数间隔 $\hat{\gamma}$ 等于 1，则有 $\tilde{\gamma} = \dfrac{1}{\|\omega\|}$ 且 $y_i(\omega^T x_i + b) \geqslant 1$，$i = 1, \cdots, n$，从而上述目标函数转化成了

$$\max \frac{1}{\|\omega\|}, \quad \text{s.t.} \quad y_i(\omega^T x_i + b) \geqslant 1, \ i = 1, \cdots, n$$

这个目标函数是在约束条件 $y_i(\omega^T x_i + b) \geqslant 1$，$i = 1, \cdots, n$ 下，最大化 $1/\|\omega\|$ 的值，而 $1/\|\omega\|$ 便是几何间隔。

（二）线性可分 SVM

设给定的训练集为 $\{(x_1, y_1), (x_2, y_2), \cdots, (x_l, y_l)\}$，其中，$x \in R$，$y \in \{-1, 1\}$。

再假设该训练集可被一个超平面线性划分，该超平面记为 $\omega^T x + b = 0$。

如果训练集中的所有向量均能被超平面正确划分，并且距超平面最近的异类向量之间的距离最大，则该超平面为最优超平面。

其中距超平面最近的异类向量被称为支持向量，一组支持向量可以唯一地确定一个超平面，两类支持向量间的距离称为分类间隔。

离超平面最近的支持向量满足：

$$\omega^T x + b = 1, \ y = 1$$
$$\omega^T x + b = -1, \ y = -1$$

接着考虑之前得到的目标函数：

$$\max \frac{1}{\|\omega\|}, \quad \text{s.t.} \quad y_i(\omega^T x_i + b) \geqslant 1, \ i = 1, \cdots, n$$

由于求 $\dfrac{1}{\|\omega\|}$ 的最大值相当于求 $\dfrac{1}{2}\|\omega\|^2$ 的最小值，所以上述目标函数等价于

$$\min \frac{1}{2}\|\omega\|^2, \quad \text{s.t.} \quad y_i(\omega^T x_i + b) \geqslant 1, \ i = 1, \cdots, n$$

因为现在的目标函数是二次的，约束条件是线性的，所以它是一个凸二次规划问题，可用拉格朗日方法求解。

首先将上式写成拉格朗日方程：

$$L(\omega, b, \alpha) = \frac{1}{2}\|\omega\|^2 - \sum_{i=1}^{n} \alpha_i [y_i(\omega^T x_i + b) - 1]$$

分别对 ω、b 求偏导数，即令 $\partial L / \partial \omega$ 和 $\partial L / \partial b$ 等于零

$$\frac{\partial L}{\partial \omega} = 0 \Rightarrow \omega = \sum_{i=1}^{n} \alpha_i y_i x_i$$

$$\frac{\partial L}{\partial b}=0 \Rightarrow \sum_{i=1}^{n}\alpha_i y_i=0$$

将以上结果代入拉格朗日方程可得：

$$L(\omega,b,\alpha)=\frac{1}{2}\sum_{i,j=1}^{n}\alpha_i\alpha_j y_i y_j x_i^T x_j - \sum_{i,j=1}^{n}\alpha_i\alpha_j y_i y_j x_i^T x_j - b\sum_{i=1}^{n}\alpha_i y_i + \sum_{i=1}^{n}\alpha_i$$

$$=\sum_{i=1}^{n}\alpha_i - \frac{1}{2}\sum_{i=1}^{n}\alpha_i\alpha_j y_i y_j x_i^T x_j$$

经过上面第一个步骤求 ω 和 b，得到的拉格朗日函数式已经没有了变量 ω、b，只有变量 α。

从上面的式子得到：

$$\max_{\alpha}\sum_{i=1}^{n}\alpha_i - \frac{1}{2}\sum_{i,j=1}^{n}\alpha_i\alpha_j y_i y_j x_i^T x_j$$

$$\text{s.t.}\ \alpha_i \geqslant 0,\ i=1,\cdots,n$$

$$\sum_{i=1}^{n}\alpha_i y_i = 0$$

这样，求出了 α_i，再根据 $\omega=\sum_{i=1}^{m}\alpha_i y^{(i)} x^{(i)}$ 即可求出 ω。b 作为偏移值，取值如下：

$$b=\frac{1}{2}\Big[\sum_{i=1}^{l}a_i y_i x_i x^*(1) + \sum_{i=1}^{l}a_i y_i x_i x^*(-1)\Big]$$

由上式即可求出 b，最终得出分离超平面和分类决策函数。式中，$x^*(1)$ 表示属于第一类的某个（任一个）支持向量；$x^*(-1)$ 表示属于第二类的某个支持向量。

基于最优超平面的分类规则就是下面的判别函数：

$$f(x)=\text{sgn}\Big[\sum_{\text{支持向量}} y_i\alpha_i(x_i\cdot x)+b\Big]$$

（三）线性不可分的情况

有时会遇到如图 9-3 所示的线性不可分的情况。

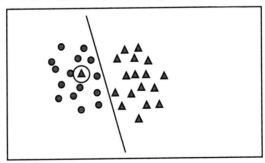

图 9-3　线性不可分

为了使 SVM 算法能应用于不可分情况，科尔特斯（Cortes）和万普尼克（Vapnik）在 1995 年引入了软边缘最优超平面的概念，引入松弛变量 ξ_i，将约束条件放松为：

$$y_i(\omega x_i + b) \geqslant 1 - \xi_i, \ i = 1, 2, \cdots, l, \ \xi_i \geqslant 0$$

因为松弛变量是非负的，因此最终的结果是要求间隔可以比 1 小。但是当这些离群点出现这种间隔比 1 小的情况时，意味着我们放弃了对这些点的精确分类，然而好处是使分类面不必向这些点的方向移动，因而可以得到更大的几何间隔。

原来的优化问题就变成了下面的式子：

$$\min \frac{1}{2} \| \omega \|^2 + C \sum_{i=1}^{l} \xi_i$$

$$\text{s.t.} \quad y_i(\omega \cdot x_i + b) \geqslant 1 - \xi, \ i = 1, 2, \cdots, l, \ \xi_i \geqslant 0$$

需要注意的是：并非所有的样本点都有一个松弛变量与其对应，松弛变量的值实际上表示出了对应的点到底离群有多远，值越大，点就离群越远。

而惩罚因子 C 决定了你有多重视离群点带来的损失，显然当所有离群点的松弛变量之和一定时，C 越大，对目标函数带来的损失也越大。惩罚因子 C 是一个需要事先指定的值。

（四）非线性 SVM

现实中有些问题很难用线性 SVM 方法分类。如图 9-4 所示，要将 a、b 点之间的所有点与其他部分区分开来就需要非线性方法。

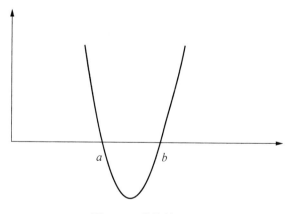

图 9-4 非线性 SVM

在线性不可分的情况下，支持向量机首先在低维空间中完成计算，然后通过核函数将输入空间映射到高维特征空间，最终在高维特征空间中构造出最优分离超平面，从而把平面上本身不好分的非线性数据分开。

如图9-5所示，一堆数据在二维空间无法划分，从而映射到三维空间里划分。这样的函数称为卷积核函数，于是我们只需在输入空间中计算卷积核函数，而不必知道非线性映射的形式，也不必在高维特征空间中进行运算。

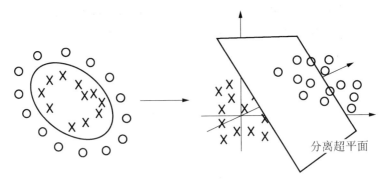

图 9-5 三维映射

把数据从低维输入空间映射到一个高维特征空间，而在高维特征空间中，训练集更容易达到线性可分，从而可以在高维空间构造最优分类超平面，进行内积 $\{\varphi(x), \varphi(y)\}$ 模式分类。

若满足：$K(x, y) = \{\varphi(x), \varphi(y)\}$，则可以将核函数 $K(x, y)$ 代入原问题及其对偶问题的表达式中，即可得到用于分类的非线性支持向量机的原问题，则二次规划问题的目标函数变为：

$$\max W(a) = \sum_{i=1}^{l} a_i - \frac{1}{2} \sum_{i=1}^{l} a_i a_j y_i y_j \{\varphi(x_i) \cdot \varphi(x_j)\}$$

$$= \sum_{i=1}^{l} a_i - \frac{1}{2} \sum_{i=1}^{l} a_i a_j y_i y_j k(x_i, x_j)$$

$$\text{s.t.} \sum_{i=1}^{l} a_i y_i = 0, C \geq a_i \geq 0, i = 1, 2, \cdots, l$$

与线性情况不同的是：尽管在高维特征空间中线性判别面的法向量 ω 仍可表示成这个空间中支持向量的线性组合，但此时需要采用核函数来计算各特征向量的内积。因此计算下列函数的符号即可：

$$f(x) = \text{sgn}\left[\sum_{\text{支持向量}} \alpha_i y_i k(x_i \cdot x) + b\right]$$

式中，b 作为偏移值，取值如下：

$$b = \frac{1}{2}\left[\sum_{i=1}^{l} a_i y_i \varphi(x_i) x^*(1) + \sum_{i=1}^{l} a_i y_i \varphi(x_i) x^*(-1)\right]$$

式中，$x^*(1)$ 表示属于第一类的某个（任一个）支持向量；$x^*(-1)$ 表示属于第二类的某个支持向量。

如果支持向量很多，则决策阶段的计算量也会很大。所以在实际应用中，可以按一定规则舍弃一些支持向量来增加分类速度，这对时间有要求的实时系统是很有必要的。

最初提到SVM方法是针对二类分类问题的，但是可以通过构造一系列的二类分类器将它们组合在一起来实现多分类的目标。

（五）金融时间序列预测

在金融时间序列预测问题中，最小二乘支持向量机（LS-SVM）是一种更好的方法。传统的SVM在最小化目标规划函数时使用的是序列最小优化算法（SMO），而LS-SVM使用的是最小二乘算法。LS-SVM的优点是可以减轻此类问题的计算负担，并且更适用于预测目的。

首先，对原始时间序列进行数据预处理，输入数据会被零化处理和归一化处理。零化处理是指将数据减去其均值，归一化是指按一定算法将过大或过小的数据处理到[0, 1]之间。

在利用LS-SVM模型进行训练并预测时，选取的数据是从2015年1月12日到2015年10月23日的道·琼斯指数收盘价，一共199个数据点，用前184天的收盘价数据作为训练集，后15天的收盘价数据作为测试集。

预测效果的评价方法是均方根误差（MSE）和平均绝对误差（MAPE）。两者越小，说明预测值与真实值偏差越小。预测结果如表9-1所示。MSE为216.0713，MAPE为1.0504。

表9-1 金融时间序列预测结果

预测值	真实值	预测值	真实值
16 441.58	16 776.40	16 802.93	17 141.75
16 672.93	16 790.19	17 043.03	17 215.97
16 659.42	16 912.29	17 139.07	17 230.54
16 789.35	17 050.75	17 061.40	17 217.11
16 941.29	17 084.49	17 147.24	17 168.61
16 983.96	17 131.86	17 090.50	17 489.16
17 039.62	17 081.89	17 442.60	17 646.70
16 985.07	16 924.75		

实际上虽然可以通过寻参、改变SVM类型、改变核函数等方式提高预测准确率，但经验上来看最有效的方法还是选取恰当的特征向量来进行预测。

图 9-6 展示了预测值与真实值之间的关系。其中 Y 轴表示预测值，x_1、x_2 是两个输入的特征向量，图中的点表示实际值。

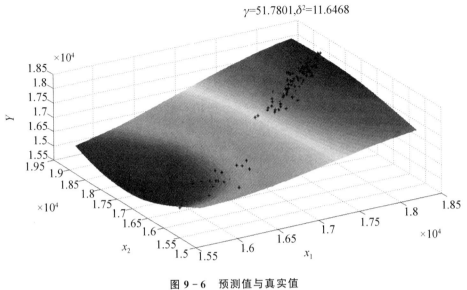

图 9-6 预测值与真实值

（六）市场反转点预测

首先进行数据预处理，包括计算 MACD、KDJ、RSI 以及对价格进行平滑处理。

然后定义技术反转点：MACD 不再创新高或新低，KDJ 的 J 值在一定范围内不再创新高或新低，RSI 在一定范围内不再创新高或新低。真实反转点：当日价格高于或低于前一天和后一天一定比率。

在反转点预测时，可选的核函数包括多项式核函数、径向基（RBF）核函数、Sigmoid 核函数、Fourier 核函数，一般 RBF 是最常用的核函数。RBF 核函数有两个参数，C 与 γ，可以通过 V 折交叉验证（V-fold cross validation）的方法寻找最佳的参数，以提高分类准确率：将原始数据分成 n 组，将每个子集数据分别做一次测试集，其余的 $n-1$ 组子集数据作为训练集，这样会得到 n 个模型，用这 n 个模型测试集的分类准确率的平均数作为该分类器的性能指标。

反转点预测采用的数据是 1999 年 1 月 27 日到 2009 年 10 月 14 日的上证指数，一共包含 2581 个交易日。这里将真实反转点的变化率设定为 0.001，因此，对于上证指数来说，反转点的收盘价就是比前后一个交易日收盘价高或低 2 到 3 个点的收盘价。同时，MACD 的峰值取一个区间内最大的值为反转点，因为 MACD 柱状图走势不止一个峰值。

基于此，从 2581 个交易日中选出的反转点有 290 个，将前 218 天的数据作为训练集，将后 72 天的数据作为测试集。SVM 类型选择为 C-SVC，核函数为 RBF 核函数。

从训练结果来看，整体分类准确率（即预测正确的反转点占全部真实反转点的比率）是 79.3578%。

9.3 实验步骤及示例

本实验模块的交易标的是沪深 300 指数期货 IF1510，交易频率是每 15 分钟决策一次，测试期间是 2015 年 9 月 29 日到 2015 年 9 月 30 日。

策略部分参考了 LS-SVM 算法，原理是利用前 n 期价格数据预测后两个交易日的均衡价格水平，再以此为基准下单交易。策略类型为委托单交易，因为更容易控制交易价格。

（一）新建策略和参数设置

登录 QIA 量化投资研究平台后，在 QIA 主界面单击"策略列表"下方的"新建"按钮，建立名称为"SVM"的新策略，策略类型为"委托订单"，如图 9-7 所示。

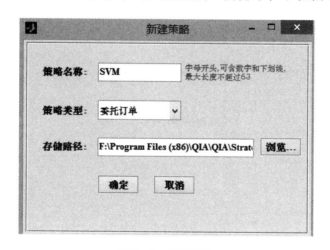

图 9-7 新建策略

将"基本信息"中的"决策频率"设置为"15 分"，"自定义成交价格"设置为"收盘价"，回验日期为 2015 年 9 月 29 日至 2015 年 9 月 30 日，如图 9-8 所示。

单击"决策数据"右侧的"编辑"按钮，以 15 分钟为频率提取价格数据，如图 9-9 所示。

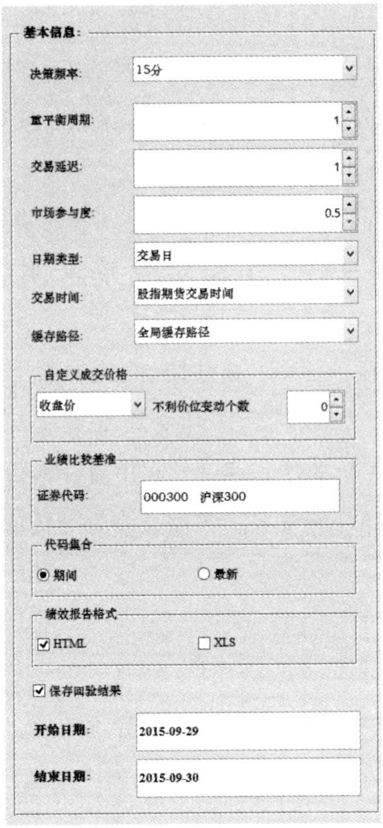

图 9-8　基本信息

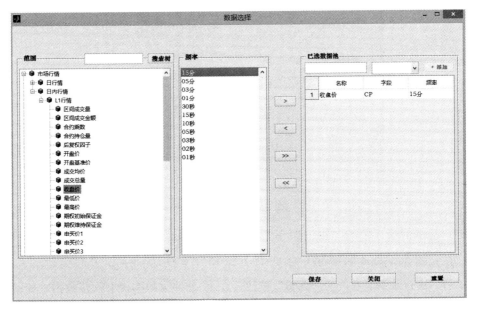

图 9-9　决策数据

单击"交易标的"右侧的"编辑"按钮选取 IF1510 作为交易标的,如果"待选证券池"中没有需要的标的,可以通过修改左下角的时间范围来寻找,如图 9-10 所示。

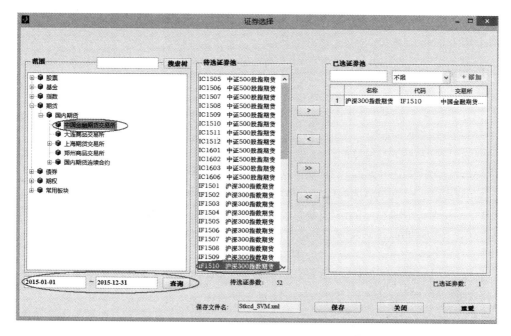

图 9-10 交易标的

设置完毕后单击"保存",如图 9-11 所示。

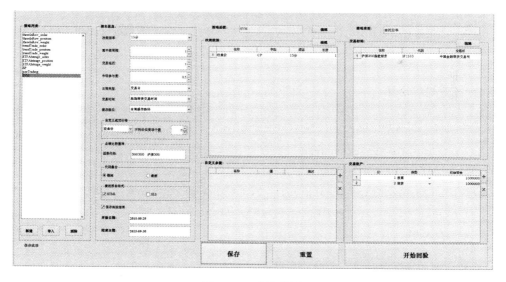

图 9-11 保存设置

(二) 策略编写

单击 QIA 主界面上 "策略函数" 右侧的 "编辑" 按钮，弹出策略撰写界面，在此界面中输入代码。

1. 初始数据准备

```
function [newStateMatrix] = SVM ( decisionData, stateMatrix )
decisionData. time;
decisionData. varList;
decisionData. ( decisionData. varList {1} ). frequency;
tickerList = decisionData. ( decisionData. varList {1} ). tickerList;
timeList = decisionData. ( decisionData. varList {1} ). timeList;
interval = decisionData. ( decisionData. varList {1} ). frequency;
factor_CP= decisionData. CP_MIN15. data;
logic_new= getCurrentContinousContract ( datestr ( fix ( decisionData. time ) ),
{'IF1510', ExchangeType. CFFEX}, 0 );
if isempty ( stateMatrix )
    logic= logic_new;
else
    logic= stateMatrix. logic;
end
```

说明：将决策数据的采集时间、因子列表、采样频率输出，并将所需数据赋值给变量，初始化状态矩阵。

2. 交易规则设置

```
if PositionTotal ( 2 )
    positionid=SelectPsnByIdx ( 1 );
    if ~strcmp ( logic_new {1}, logic {1} )
        ClosePosition ( positionid, PositionAvailVolume ( ), 0 );
    elseif ( PositionType ( ) ==1 && PositionCurrentPrice ( ) <=0. 999* Position-
    AvgPrice ) || ( PositionType==2 && PositionCurrentPrice >=1. 001*
    PositionAvgPrice )
            ClosePosition ( positionid, PositionAvailVolume ( ), 0 );
    end
end
if PositionTotal ( 2 )
    positionid=SelectPsnByIdx ( 1 );
```

```
        if ~strcmp(logic_new{1}, logic{1})
            ClosePosition(positionid, PositionAvailVolume(), 0);
        elseif(PositionType()==1 && PositionCurrentPrice() >=1.001*PositionAvg-
Price) || (PositionType==2 && PositionCurrentPrice<=0.999*PositionAvg-
Price)
                ClosePosition(positionid, PositionAvailVolume(), 0);
        end
end
price=lssvm_equilibrium;
margin=0;
dir1=factor_CP-price + margin;
dir2=factor_CP-price-margin;
if dir1<0
    PlaceOrder(decisionData.tickerMap{1, 2}, decisionData.tickerMap{1,
3}, double(DirectionType.OP_BUY), 1, 0, 0, 2);
    positionid=SelectPsnByIdx(1);
    if(PositionType() ==1 && PositionCurrentPrice() >=1.001* Position-
AvgPrice) || (PositionType==2 && PositionCurrentPrice<=0.999* Position-
AvgPrice)
                ClosePosition(positionid, PositionAvailVolume(), 0);
    end
logic=decisionData.tickerMap(1, 3);
end
if dir2>0
    PlaceOrder(decisionData.tickerMap{1, 2}, decisionData.tickerMap{1,
3}, double(DirectionType.OP_SELL), 1, 0, 0, 2);
    positionid=SelectPsnByIdx(1);
    if(PositionType() ==1 && PositionCurrentPrice() >=1.001* Position-
AvgPrice) || (PositionType==2 && PositionCurrentPrice<=0.999* Posi-
tionAvgPrice)
                ClosePosition(positionid, PositionAvailVolume(), 0);
    end
logic=decisionData.tickerMap(1, 3);
end
```

说明：根据利用支持向量机预测的后两日平均价格水平与实际平均价格水平进行对比，若实际价格水平较好则建仓（可空可多），反之则平仓（可多可空）。

```
newStateMatrix.logic=logic;
end
```

说明：记录状态矩阵。

(三) 策略回验

策略代码输入完成并保存后，回到 QIA 主界面，单击"开始回验"按钮，即可开始回验进程，如图 9-12 所示。

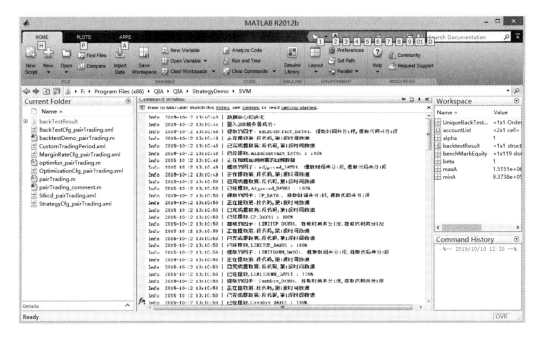

图 9-12　策略回验

(四) 绩效报告

回验结束后会弹出绩效报告窗口，如图 9-13 所示，可以看到两个交易日后，期货账户的权益从 1 000 000 增加到 1 023 114.19，两个交易日的累计收益率是 2.31%，年化收益率是 1680.07%，结果较为成功。

账户 2	所有交易	多头交易	空头交易
概览			
初始权益(元)	1 000 000.00	1 000 000.00	1 000 000.00
期末权益(元)	1 023 114.19	1 017 070.03	1 006 044.17
累计盈亏	23 114.19	17 070.03	6 044.17
累计收益率(%)	2.31	1.71	0.60
年化收益率(%)	1680.07	743.74	113.67
手续费(元)	2419.40	1109.97	1309.43

图 9-13　统计列表

权益变化如图 9-14 所示，图中四条曲线分别代表总权益、多头权益、空头权益和基准权益(策略回验同期以等量资金购买沪深 300 指数的权益变动情况)。

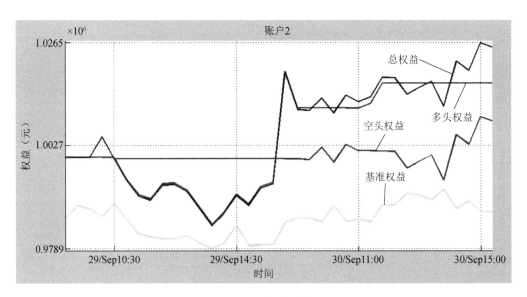

图 9-14 权益变化

9.4 实验操作录像

本章实验操作录像请扫描以下二维码观看：

（推荐在 WIFI 环境下观看）

参 考 文 献

[1] 艾琳·奥尔特里奇. 高频交易 [M]. 谈效俊等译. 北京：机械工业出版社，2011.

[2] 曹力，曹传琪等. 改进型 VWAP 策略及实证 [N]. 深圳：联合证券，2010（1）.

[3] 陈工孟. 量化投资分析 [M]. 经济管理，2015（3）.

[4] 程卫峰. 高频交易与研发流程介绍 [J]. 量化投资与对冲基金，2013（5）：39-57.

[5] 丁鹏. 策略组合模型 [J]. 量化投资与对冲基金，2013（4）：26-36.

[6] 丁鹏. 量化投资——策略与技术 [M]. 北京：电子工业出版社，2012.

[7] 丁涛. 配对交易策略在 A 股市场的应用与改进 [J]. 中国商贸，2013（5）.

[8] 李洋，王小川等. MATLAB 神经网络 30 个案例分析 [M]. 北京：北京航空航天大学出版社，2010.

[9] 林清泉，赵文荣. 投资者情绪与股票市场波动：给予隐性情绪指数视角 [M]. 北京：中国人民大学出版社，2012.

[10] 露西·阿科特，理查德·迪弗斯. 行为金融学：心理、决策与市场 [M]. 北京：清华大学出版社，2012.

[11] 罗伯特·J. 希勒. 非理性繁荣 [M]. 李心丹译. 北京：中国人民大学出版社，2014.

[12] 罗恩·艾历里. 智取期权 [M]. 颜诗敏译. 北京：中国人民大学出版社，2012.

[13] 罗捷，曹传琪. 被动型算法交易 [N]. 深圳：联合证券，2009（3）.

[14] 罗樱. 可转换评估与套利 [N]. 深圳：招商证券，2012：5-12.

[15] 吕彤，何众志. 基于协整的股指期货与 ETF 套利研究 [J]. 量化投资与对冲基金，2013（5）：32-38.

[16] 邱小平. 融资融券与统计套利 [N]. 深圳：浙商证券，2010（5）.

[17] 施燕杰. 基于支持向量机（SVM）的股市预测方法 [J]. 统计与决策，2005（4）.

[18] 文凤华，肖金利等. 投资者情绪特征对股票价格行为的影响研究 [J]. 管理科学学报，2014（3）.

[19] 辛治运，顾明. 基于最小二乘支持向量机的复杂金融时间序列预期 [J]. 清华大学学报，2008（7）.

[20] 约翰·R. 诺夫辛格. 投资心理学 [M]. 郑磊译. 北京：机械工业出版社，2013.

[21] 张元萍. 投资学 [M]. 北京：中国金融出版社，2007.

[22] 中国期货业协会. 期货投资分析 [M]. 北京：中国财政经济出版社，2012.

[23] Andrew Pole，陈雄兵. 统计套利 [M]. 北京：机械工业出版社，2010.